슬기로운 반려 생활

댕댕이 편

귀여운 일러스트와 함께 남녀노소 가볍게 읽을 수 있는 본격 강아지 탐구서

슬기로운
반려 생활

댕댕이 편

머리말

인간에게 반려동물이란 참 가깝고도 먼 존재입니다. 말이 통하는 것도 아닌데 서로의 감정이 공유된 것 같은 느낌을 받을 땐 세상 유일무이한 존재가 됐다가도, 도저히 이해할 수 없는 행동을 할 땐 같은 공간에 있어도 너무 멀게만 느껴지기 때문입니다.

인간이 생활하는 영역에까지 동물을 들이기 시작한 건 생각보다 오래전의 일입니다. 집안으로 들어온 동물들은 일 년 내내 안전한 장소에서 사냥하지 않아도 굶지 않을 수 있게 된 대신 인간이 원하는 모습과 행동을 하도록 진화되었고, 그것이 지금에 이르러 작고 귀여운 외모에 인간을 좋아하는 성격을 갖추게 된 것입니다.

현대의 반려동물은 그렇게 가족의 일원이 되었습니다. 내 친구, 내 동생, 내 자식 같은 그런 진짜 가족 말입니다. 그래서 어쩔 땐 사람보다도 더 극진한 대접을 받기도 합니다. 반려동물을 잃은 슬픔이 너무나도 커 '펫로스 증후군'이라는 말이 생겨날 만큼 인간이 쏟는 애정은 나날이 깊어지고 있습니다.

하지만 아이러니하게도 버려지는 아이들 또한 점점 늘어나고 있는 게 사실입니다. 그 이유는 뭘까요? 누군가는 '반려'로 맞이하는 일을 그저 단순하게 생각했기 때문입니다. 반려동물을 키운다는 건 기쁘고 즐겁기만 한 일이 아닙니다. 한 가지 행동을 하더라도 그 의미는 뭔지, 왜 그런 행동을 한 건지, 혹시 뭔가가 맘에 안 들거나 건강에 이상이 생긴 건 아닌지 신경 써주어야 합니다. 그러기 위해서 우리는 반려동물에 대해 알아갈 시간이 필요합니다.

「슬기로운 반려 생활」은 이러한 과정의 시작을 위해 만들어졌습니다. 기본적인 지식부터 다소 엉뚱하지만 흥미로운 상식들까지 현재 반려동물을 키우거나, 키울 예정이거나, 혹은 키우지 않더라도 반려동물에 대해 알고 싶은 사람이라면 누구나 재미있게 읽을 수 있는 내용으로 구성되었습니다. 또한 글과 함께 다양한 삽화를 그려 넣어 아이부터 어른까지 지루하지 않으면서 충분히 이해를 도울 수 있도록 했습니다.

우리는 이 책을 통해 여러분이 그간 반려동물에게 가졌던 편견이나 오해를 풀고 새로운 매력을 발견할 수 있기를 바랍니다. 그리고 더 나아가 그들을 좀 더 사랑할 수 있게 되는 밑거름이 되었으면 좋겠습니다.

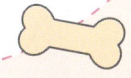

CONTENTS

1 넌 어느 별에서 왔니?

- 소변은 되도록 높은 곳에 10
- 하울링을 하는 이유 12
- 눈이 나쁜 편이에요 14
- 북쪽을 좋아해요 16
- 주로 쓰는 손이 달라요 18
- 잡식의 역사 20
- 제 꼬리를 주목해주세요 22
- 똥을 먹는 습관 24
- 구멍을 보면 얼굴을 집어넣어요 26
- 마킹을 해요 28
- 21초의 법칙 30
- 편안한 잠자리를 위한 행동 32
- 성취감을 느껴요 34
- 카밍시그널 36

 알려주개 카밍시그널의 종류 38

2 너의 능력을 보여줘

- 시간을 알 수 있어요 42
- 가리키는 행동을 이해해요 44
- 사람은 못 듣는 소리를 들어요 46
- 간단한 계산은 식은 죽 먹기 48
- 목소리만 들어도 얼굴이 그려져요 50
- 희미한 냄새라도 맡을 수 있어요 52
- 믿을만한 사람을 골라요 54

- 제 이름을 인식할 수 있어요 56
- 많고 적음을 따질 수 있어요 58
- 건성으로 하는 말도 다 알아요 60
- 4초 만에 물기가 사라지는 마법 62
- 사람의 성별을 구분해요 64
- 복잡한 계산도 문제없어요 66
- 짖는 소리로 상대를 파악할 수 있어요 68
- 사물의 이름은 최대 몇 개까지? 70
- 개가 지난 일을 떠올리는 방법 72

 알려주개 견종별 평균 수명 74

3 가깝고도 먼 우리 사이

- 너의 얼굴이 익숙한 이유 78
- 갑자기 사라지면 왜 당황하는 거니 80
- 사람의 말을 할 수 있다고? 82
- 내 곁이 안전하다고 느끼니? 84
- 제일 좋아하는 건 역시 간식? 86
- 응가할 때 왜 쳐다보는 거니 88
- 울음소리에 몸이 반응하는 이유 90
- 무슨 말을 하고 싶은지 알 수 있어 92
- 배를 보인다는 것 94
- 내 시선을 의식하는 것 같아 96
- 왜 나를 속이는 거니? 98
- 일부러 그러는 거 다 알아 100
- 점점 닮아가는 우리 102
- 내가 먼저 시범을 보여줄게 104
- 표정을 보면 알 수 있다고? 106
- 잃어버린 물건을 찾아 주는 이유 108
- 내 스트레스를 너도 느끼는 걸까 110

 **알려주개** 몸짓으로 말하는 〈개가 스트레스 받을 때〉 112

4 알아두면 쓸모있는 신기한「개」잡학사전

- 개의 성격은 이것으로 알 수 있다 116
- 왼쪽 얼굴의 비밀 118
- 개에게 꾀병이란 120
- 개도 질투를 한다 122
- 출산과 육아의 상관관계 124
- 개의 친화력은 유전자의 힘? 126
- 강아지의 귀여움은 계획됐다 128
- 개도 자기장을 감지할 수 있다? 130
- 수컷에겐 없고 암컷에겐 있는 것 132
- 개도 음악을 즐긴다 134
- 낙천적이거나 비관적이거나 136
- 단두종, 무섭지만 착한 친구 138
- '잡종강세' 140
- 개의 성격은 타고난 걸까 만들어지는 걸까 142
- 개와 동정심 144
- 개에게도 찾아오는 질풍노도의 시기 146
- 번식을 위한 전략 148
- 귀여움을 유지하는 개의 비결 150

　　알려주개 몸짓으로 말하는 <개가 행복할 때> 152

5 언제까지나 너와 함께

- 언제나 반갑게 맞아줘요 156
- 내가 싫은 건 개도 싫대요 158
- 교육할 땐 칭찬을 해주세요 160
- 널 깨물어버릴 거야 162
- 동시에 똑같은 행동을 해요 164
- 개와 함께면 몸도 튼튼 마음도 튼튼 166

- 보이지 않아도 감정을 느껴요 168
- 개한테 푸념하면 이상한가요? 170
- 안아 주지는 못해도 172
- 이별은 늘 괴로운 일이죠 174
- 뭘 원하는지 알 것 같아요 176
- 때론 구세주처럼 등장해요 178
- 개가 만들어주는 인연 180
- 눈을 맞추면 행복해요 182
- 누가 뭐래도 제겐 1순위예요 184
- 다이어트도 함께 186

 개와 비만 188

6 개에 관한 재미있는 QnA

- 지능 순위에서 꼴찌를 한 개의 사연 192
- 소형견 증후군이란? 194
- 개는 왜 고개를 갸웃거릴까? 196
- 개에게도 지문이 있을까? 198
- 개도 자기가 귀엽다는 걸 알까? 200
- 다른 개와 싸우고 나면 화해하지 않는 이유 202
- 개는 얼마나 참을 수 있을까? 204
- 개도 태어난 때에 따라 다를까? 206
- 자다가 갑자기 발버둥을 치는 이유 208
- 시각장애인 안내견은 왜 다 리트리버일까? 210
- 개가 키운 고양이는 개처럼 행동할까? 212
- 뇌가 클수록 머리도 더 좋을까? 214
- 개의 눈이 반짝여 보이는 이유 216
- 개는 자신의 형제를 언제까지 기억할까? 218
- 특수견은 인간에게 어디까지나 충직할까? 220
- 개의 몸에 무늬가 생기는 이유 222
- 개도 즐거워서 웃는 걸까? 224

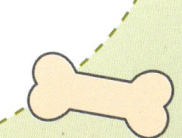

1

넌 어느 별에서 왔니?

소변은 되도록 높은 곳에

　수컷 개는 되도록 높은 곳에 소변을 누어 자신은 크고 강하다는 걸 동네방네 알리고 싶어 해요. 그래서 기본적으로 한쪽 다리를 들고 소변을 보죠. 가끔 뒷다리 양쪽을 전부 들고 물구나무선 듯한 자세로 소변을 보는 녀석도 있어서 사람들을 놀라게 하기도 한답니다.

　최근 조사에서는 몸집이 작은 개일수록 다리를 높이 치켜들고 소변을 본다고 밝혀지기도 했대요. 애초에 몸집이 큰 대형견은 일부러 그럴 필요가 없으니까요. 사람으로 비유하면 키높이 신발을 신는 것과 같다고나 할까요. 또 개들은 다른 개의 소변 흔적이 있으면 자신의 소변으로 덮으려고 하는데, 자기보다 큰 개의 흔적을 덮으려면 소형견은 다리를 높이 들 수밖에 없다는 의견도 있어요.

　한편 암컷 중에서도 한쪽 다리를 들고 소변을 보는 경우가 있다고 하는데요. 수컷에게도 지지 않을 만큼 강한 성격을 소유했을 가능성이 크다고 해요. 반대로 수컷임에도 앉아서 싸는 개들은 부드럽고 순종적인 성격이라고 합니다.

　참고로 산책할 때 이곳저곳에 소변을 보는 건 단순히 배설하기 위한 게 아닌 일종의 영역표시라고 할 수 있어요. 소변에는 그 개에 대한 많은 정보가 담겨 있거든요. 흔적을 통해 다른 개들에게 자신의 존재를 알리는 거죠. 따라서 소변을 한꺼번에 보지 않고 조금씩 뿌린답니다.

되도록 더 높은 곳에 뿌릴 거예요!

하울링을 하는 이유

　개들은 왜 아우~ 하고 하울링(Howling)을 할까요? 그것은 개의 조상이라고 알려진 늑대의 하울링을 살펴보면 알 수 있어요. 늑대의 하울링은 세 가지 역할이 있다고 하는데요. 먼저 다른 무리에게 여기는 우리 영역이니까 저리 가라고 하는 역할이 있고요. 두 번째는 멀리 있는 동료와 의사소통을 하는 것이랍니다. 동료의 하울링을 들은 늑대는 자신도 하울링을 해 위치를 알린대요.

　최근 발표된 연구 결과에 따르면, 늑대는 종류에 따라 하울링의 음조가 다르다고 해요. 한 종은 억양이 없는 중저음, 또 한 종은 억양이 있는 고음 같은 식으로요. 그리고 개체별로도 울음소리에 특징이 있어서 동료끼리는 소리만 듣고도 누가 우는지 안다고 하네요. 그래서 멀리 있어도 서로를 인식할 수 있는 거죠.

　마지막으로 세 번째는 무리의 유대감을 다지는 역할이에요. 함께 있는 모두가 일제히 하울링을 하는데요. 재미있는 것은 저마다 다른 음으로 운다는 점이에요. 마치 합창을 하는 것 같아서 'Chorus Howl'이라고도 한답니다. 보호자가 노래를 부르면 반려견들이 거기에 맞춰 하울링을 하는 이유도 여기에 속하지 않을까요? 보호자와 유대감을 다지는 거죠!

좋아하는 사람이 노래하면 나도 같이 노래하고 싶어져요 ♪

눈이 나쁜 편이에요

개는 청각과 후각이 뛰어나지만 그에 비해 시력은 0.2~0.3 수준이라 물체를 어렴풋한 형태로만 구분해요. 사람의 크기나 형태와 비슷한 물체, 또는 종이에 그린 동물의 실루엣에도 반응할 정도죠. 즉 2차원과 3차원도 구분이 안 될 만큼 시력이 나쁘답니다. 게다가 근시도 가지고 있어서 가까이 있는 건 쉽게 볼 수 있지만 멀리 있는 것은 초점을 맞추기가 어려워 잘 구별하지 못한다고 해요.

따라서 개 인형을 보고 짖는 것도 눈이 나쁘기 때문인데요. 물론 가까이 다가가 냄새를 맡으면 '어? 진짜 개가 아니네?'하고 알아채겠지만, 먼 곳에서는 시각과 청각으로 상대를 먼저 인식하니까요. 특히 다른 개와 교류가 별로 없는 개라면 인형과 같은 가짜에 더 쉽게 반응하고 말죠. 하지만 그렇다고 너무 안타까워하지는 마세요. 시력은 나쁜 대신 움직이는 것을 포착하는 동체시력과 어둠 속에서 사물을 인식하는 능력은 사람보다 훨씬 뛰어나거든요. 게다가 사람은 최대 180˚ 정도의 시야를 가진 반면 개의 시야는 200~240˚로 넓어서 같은 곳을 보더라도 훨씬 더 많은 부분을 볼 수 있다고 합니다.

안 보여요, 음.. 저것도 안 보여요

북쪽을 좋아해요

개가 좋아하는 방향이 따로 있을까요? 같은 조건에 놓인 두 간식 중 개가 어느 것을 고르는지 살펴본 실험 결과 왜인지는 알 수 없지만 북쪽에 있는 간식을 더 선호했다고 해요. 이런 경향은 특히 간식이 동쪽과 북쪽에 놓여 있을 때 현저하게 나타났고, 그중에서도 중소형견, 암컷, 노령견, 주로 쓰는 손이 따로 있는 개들이 북쪽에 있는 간식을 좋아했다고 합니다.

사슴은 포식자가 다가오면 포식자의 반대 방향이 아니라 북쪽이나 남쪽으로 도망치는 경우가 많다는 기록도 있는걸 보면 동물들에게 남쪽과 북쪽은 안정감이 느껴지는 방향인지도 모르겠네요. 하지만 그렇다면 남쪽에 있는 간식은 딱히 선호하지 않는 이유가 설명이 안 되죠. 여우는 눈 속에 있는 사냥감을 잡을 때 북쪽으로 점프하면 성공률이 높다고 하는데, 일단 북쪽으로 가기만 하면 된다는 법칙이라도 있는 걸까요?

댕댕이 짤막상식 — 반려견 입양하기

- 반려견을 입양하기 전에는 반려견을 키우기 위한 시간적·경제적 여유가 충분한지, 반려견으로 인해 발생하는 털 빠짐, 소음 등을 제대로 고려했는지, 반려견을 케어하는데 필요한 지식을 충분히 습득했는지 등 아이를 끝까지 책임질 각오가 되어 있어야 해요.
- 반려견이 집에 온 첫날은 모든 것이 낯설고 두렵기 때문에 보호자가 최대한 곁에 있어 주는 것이 좋으며, 이전에 사용하던 물건이 있다면 곁에 두어 스트레스를 최대한 줄여주도록 합니다. 또한 며칠 동안은 한 곳에만 머무르게 하고, 차차 적응한 뒤에 집안을 돌아다니게 해주세요.

주로 쓰는 손이 달라요

대체로 수컷은 왼손잡이, 암컷은 오른손잡이라는 결과가 여러 실험을 통해 밝혀졌는데요. 수컷은 남성호르몬인 테스토스테론이 우뇌를 발달시키기 때문에 우뇌와 연결된 왼쪽 앞발을 주로 쓰는 것이라고 해요. 그리고 이러한 사실은 개뿐만 아니라 사람에게도 해당되는 것인지 여성보다 남성 중에 왼손잡이가 많다고 하네요.

재미있는 점은 코가 납작한 단두종은 양손잡이인 경우가 많다는 것인데, 이는 코와 주둥이 부분의 길이와 연관이 있을 가능성이 있어요. 일반적인 개는 코와 주둥이에 의해 시야가 좌우로 나뉩니다. 그러면 어느 한쪽의 시야에 치우치기 쉬워져 주로 쓰는 손이 생기는 것이라고 추측되죠. 그렇다면 단두종은 코와 주둥이에 시야가 가려지지 않기 때문에 양손잡이가 되는지도 몰라요.

한편 주로 쓰는 손과 성격의 관계도 계속해서 연구되고 있는데요. 오른손잡이인 개는 낙천적이고, 왼손잡이인 개는 겁이 많고 비관적이며, 양손잡이 개는 놀이를 좋아하고 사회성이 높은 경향이 나타났다고 해요. 여러분 반려견의 성격도 주로 쓰는 손과 관련이 있을까요?

댕댕이 짤막 상식 — 단두종의 뜻

단두종이란 앞뒤로 납작하게 눌린 듯한 얼굴 생김새를 가진, 즉 두개골 길이에 비해 코에서 입까지의 길이와 주둥이가 짧은 개를 말하며, 프렌치 불독, 잉글리시 불독, 보스턴 테리어, 시츄, 퍼그, 페키니즈, 차우차우 등이 있어요.

잡식의 역사

　개는 원래 육식동물이에요. 그런데 곡물을 주식으로 하는 인간과 함께 살기 시작하면서 잡식성으로 바뀌었죠. 쌀이나 보리로 배를 채우지 않으면 사람과 함께 살아갈 수 없었거든요. 이 과정에서 곡물을 제대로 소화시키지 못하는 개도 분명히 있었겠지만, 그러면 사람들은 아마 곡물을 먹어도 아무런 문제가 없는 개만을 골라 번식시켰을 거예요. 그리고 그 결과 현대의 개는 곡물도 충분히 소화시킬 수 있게 된 것이랍니다. 물론 그렇다고 해도 곡물만 먹어서는 영양 부족이 올 수 있기 때문에 동물성 단백질도 같이 섭취해줘야 하지만요.

　참고로 개의 탄수화물 소화력은 늑대의 5배에 달하는데, 유전적으로 늑대에 가깝다는 시베리안 허스키나 사모예드의 탄수화물 소화력은 개 중에서도 낮은 편이에요. 그렇다는 건 다시 말해 늑대에서 개로 진화한 초기에는 최소한의 탄수화물 소화력을 가졌다가 가축화(사람이 기르고 관리하는 것)가 진행되면서 서서히 높아진 것이라고 할 수 있습니다.

제 꼬리를 주목해주세요

개의 꼬리를 관찰해본 적이 있나요? 꼬리를 흔드는 방향이나 높이, 속도 같은 것들이 시시각각 바뀌는 걸 알 수 있을 거예요. 연구에 따르면 개는 기쁠 때는 꼬리를 오른쪽으로, 언짢을 때는 왼쪽으로 많이 흔든다고 하는데요. 이는 긍정적인 기분을 느낄 때는 좌뇌가, 부정적인 기분을 느낄 때는 우뇌가 활성화되기 때문이라고 해요. 몸의 오른쪽은 좌뇌, 왼쪽은 우뇌와 연결되어 있거든요.

또 연구팀은 개들끼리도 상대 꼬리의 움직임을 읽는다고 발표했어요. 꼬리를 오른쪽으로 흔드는 상대를 본 개는 긴장을 풀고, 왼쪽으로 흔드는 상대를 본 개는 심장 박동수가 상승하는 등 스트레스 반응을 보인 거죠. 꼬리는 개들이 의사소통하는 데에도 중요한 도구랍니다.

그러므로 꼬리가 짧은 개는 그렇지 않은 개에 비해 개들 사이의 의사소통이 어렵다고 볼 수 있는데요. 이러한 개들은 꼬리로 감정을 알리기가 쉽지 않기 때문에 상대가 기분을 짐작하기 어려워 유난히 경계하거나 쉽게 싸움으로 발전한다고 하니 다른 개와 만나게 할 때는 이 점을 주의해야겠습니다.

꼬리로 알 수 있는 개의 마음

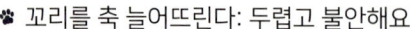

- 꼬리를 축 늘어뜨린다: 두렵고 불안해요
- 꼬리를 천천히 살랑거린다: 기분이 좋고 행복해요
- 꼬리를 높이 올려 세운다: 자신감이 넘쳐요
- 꼬리를 일직선으로 뻗는다: 경계 중이에요
- 꼬리를 빠르게 흔든다: 흥분한 상태예요

똥을 먹는 습관

개가 똥을 먹는 행동에는 보호자의 관심 유도, 호기심, 배고픔, 스트레스, 신체 이상 등 다양한 원인이 있어요. 그런데 최근 개가 똥을 먹는 이유에 대한 새로운 가설이 발표되었습니다.

캘리포니아 대학의 한 연구에 따르면 똥을 먹는 식분증이 있는 개의 85%는 오래된 변이 아니라 배설 후 2일 미만의 신선한 변을 먹는다고 하는데요. 이를 바탕으로 식분은 야생에서부터 이어져 온 기생충 예방책일지도 모른다는 가설을 세워볼 수 있다고 해요.

개의 조상은 무리를 지어 살았습니다. 따라서 보통 배변은 위생을 생각해 잠자리에서 멀리 떨어진 곳에 봤을 거예요. 그러다 어느 날 배탈이 나거나 했다면 잠자리 바로 옆에서 볼일을 봤을 수도 있었겠죠. 그런데 그것을 그대로 두면 속에 있는 기생충이 며칠 뒤에 부화해 감염병이 퍼질 우려가 있어요. 그러니 부화하기 전에 먹어서 없애 버렸다는 거죠.

식분증은 그 원인에 따라 해결방법도 여러 가지인데요. 사료의 양을 늘리거나, 장난감 등을 이용해 관심을 돌리거나, 혹은 따로 영양제를 챙겨 주는 방법 등이 있죠. 하지만 정말로 기생충을 예방하고자 하는 습성 같은 거라면 대변이 보일 때마다 재빨리 치워주는 게 제일 나은 방법일지도 모르겠네요.

구멍을 보면 얼굴을 집어넣어요

　요즘 유행하는 '스누트 챌린지(Snoot Challenge)'를 아시나요? 손으로 고리를 만들어 내밀면 거기에 개가 얼굴이나 코를 쏙 들이미는 놀이에요. 구멍만 보면 얼굴을 들이미는 개의 습성을 이용한 건데요. 야생에서 살던 개는 사냥감의 굴에 얼굴을 들이밀고 먹이를 찾는 습관이 있었어요. 따라서 이러한 행동은 땅을 보면 파고 보는 것처럼 본능이라고 할 수 있죠. 가끔 담장 구멍 밖으로 고개를 내놓고 거리를 구경하는 개들이 있는데 이것도 같은 이유랍니다.

　하지만 가끔 밀어 넣은 얼굴이 다시 빠지지 않아 난감한 상황도 발생해요. 자연에 있는 구멍이라면 비록 좁아도 뒷걸음질 치거나 몸부림쳐 흙을 파내면 빠져 나올 수 있었겠지만 인공적으로 만든 구조물은 그렇게 안 되거든요. 개의 입장에서 보면 아마 세상이 너무 빨리 변해서 미처 따라가지 못하는 상황이 아닐까요.

댕댕이 짤막 상식 — 반려견 등록하기

* 우리나라에서는 동물보호법에 따라 2개월 이상 된 반려견은 잃어버렸을 경우 보호자를 쉽게 찾을 수 있도록 의무적으로 등록해야 합니다.
* 등록신청은 각 시·군·구청 및 등록대행기관(동물병원, 동물보호단체 등)에서 가능하며, 등록 방법은 식별장치를 몸 안에 삽입하는 내장형과 바깥에 착용하는 외장형으로 나뉩니다.
* 등록 완료 시 보호자에게는 동물등록증이 발급되며, 등록된 정보는 언제든지 변경이 가능합니다. 만약 반려견을 등록하지 않으면 과태료가 부과되니 잊지 말고 등록하세요!

마킹을 해요

　보통 소변을 누어 이곳저곳에 자신의 흔적을 남기는 개들의 본능적인 행동을 마킹(Marking)이라고 하는데요. 기본적으로 마킹은 자신의 영역임을 표시하기 위한 것으로 알려졌지만 이외에도 감정을 표현하거나 짝짓기할 준비가 됐음을 알리기 위한 것이기도 해요. 즉 개의 소변에는 성별과 나이, 건강 상태, 감정 등 다양한 정보가 담겨 있어서 마킹을 통해 개들끼리 소통하거나 정보를 공유할 수 있답니다. 사람으로 치면 마치 SNS를 하는 것과 같다고나 할까요?

　다만 이러한 마킹 행동이 실외가 아닌 실내에서도 이어진다면 문제가 될 수 있는데요. 이는 보통 낯선 사람이나 동물이 새로 들어오거나 집안 환경이 바뀌면서 생기는 스트레스가 원인이라고 해요. 혹은 몸에 이상이 생긴 것일 수도 있죠. 따라서 이럴 때는 마킹 흔적 지우기, 놀이나 교육을 통해 관심 돌리기, 산책량 늘리기, 중성화 수술 등의 방법을 통해 해결하는 것이 좋아요.

　한편 개 중에는 실외에서 배변한 후에 땅을 발로 차는 행동을 하는 경우가 있는데 이것 또한 마찬가지로 마킹을 하는 것이랍니다. 발바닥에서 나는 땀을 땅에 묻히고, 흙을 파낸 자국을 만들어 흔적을 남기는 거죠. 하지만 모든 개가 이런 행동을 하진 않아요. 한 전문가의 조사에 따르면 약 10%의 개만 이런 행동을 한다고 합니다.

21초의 법칙

보통 몸집이 큰 대형견이 소형견보다 더 오랫동안 소변을 본다고 생각하죠. 크기가 큰 만큼 한 번에 보는 소변의 양도 더 많을 테니까요. 그러나 포유류의 방광은 소변이 가득 찼을 경우 공통적으로 배뇨에 약 21초가 걸린다고 해요. 애틀랜타의 과학자 데이비드 후가 다양한 포유류의 배뇨를 관찰한 결과 대다수의 배뇨 시간이 21초였다고 합니다. 이는 크기가 큰 코끼리든 작은 쥐든, 수컷이든 암컷이든 다르지 않다고 하네요. 신기하죠?

포유류 대부분의 배뇨 시간은 약 21초래요.

댕댕이 팔막상식　　　　　　반려견 목욕하기

- 목욕에 앞서 빗질로 털을 정리해주고 발톱이 길다면 깎아주는 것도 좋습니다.
- 미지근한 정도의 물을 발부터 천천히 적셔준 후에 반려견 전용 샴푸로 몸 전체를 골고루 문지른 다음 거품이 모두 씻겨 내려갈 때까지 물로 잘 헹궈줍니다. 이때 귀에 물이 들어가지 않도록 주의해주세요.
- 목욕을 마치고 나면 수건으로 물기를 닦아준 뒤 드라이기 등을 이용해 털을 말려주는데, 너무 뜨거운 바람으로 말리는 것은 금물입니다.
- 모든 과정이 끝나면 간식 등으로 보상을 해주세요.

편안한 잠자리를 위한 행동

　개가 자리에 눕기 전에 하는 행동을 아시나요? 바로 그 자리를 빙글빙글 도는 것인데요. 한 실험에 따르면 카펫이 평평하게 깔린 곳보다 구깃구깃하게 뭉쳐진 곳에서 개가 눕기 전에 빙글빙글 도는 행동이 약 세 배 더 많이 나타났다고 해요. 그렇다면 눕기 전에 곧잘 빙글빙글 도는 행동은 바닥을 평평하게 다져 쾌적한 보금자리를 만들기 위한 것이라고 볼 수 있겠죠. 사람처럼 손을 쓸 수 없는 개들로서는 최선의 방법이었던 거예요.

　다만 아무 이유 없이 빙글빙글 도는 건 문제가 될 수 있는데요. 그 원인은 불안하거나 스트레스를 받는 것에서부터 치매 증상에 이르기까지 다양하니 이때는 보호자의 주의 깊은 관찰이 필요하겠죠?

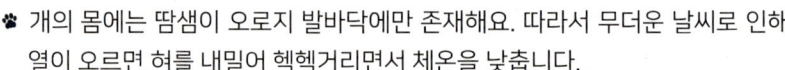

개가 혀를 내밀고 헥헥거리는 이유

- 개의 몸에는 땀샘이 오로지 발바닥에만 존재해요. 따라서 무더운 날씨로 인해 열이 오르면 혀를 내밀어 헥헥거리면서 체온을 낮춥니다.
- 보호자와 이리저리 뛰어다니면서 놀고 나면 잔뜩 흥분한 상태에서도 혀를 헥헥거리는데요. 이는 반려견이 행복하다는 의미이기도 하죠. 하지만 반대로 낯선 상황에 불안하거나 두려움을 느끼면 스트레스를 받아 혀를 헥헥거리기도 하므로 이럴 땐 스트레스를 받는 상황에서 빨리 벗어나게 해줘야 합니다.

성취감을 느껴요

무엇인가를 이루었다는 느낌을 받을 때 사람들은 그것을 성취감이라고 하죠. 한 실험 결과에 따르면 개는 똑같은 간식이라도 아무런 노력도 하지 않고 받는 것보다 어떠한 과제를 달성하고 보상으로 받을 때 더 기뻐한다고 해요. 다시 말해 개도 성취감을 느낀다는 뜻인데요. 이때 과제는 장치의 버튼을 누른다든가, 테이블에 있는 공을 미는 등 머리를 쓰는 것으로, 성공했을 때의 기쁨은 최고조에 달합니다. 그러므로 개에게 무언가를 가르치는 것은 일상에 자극을 주고 기쁨도 안겨 주는 이벤트인 셈이죠.

하지만 과제가 너무 어려우면 오히려 역효과가 날 수 있어요. 열심히 풀어서 해결할 수 있는 수준의 과제라면 동기 부여가 되지만 도저히 달성하기 힘든 과제라면 의욕이 떨어지거든요. 반대로 너무 쉬운 과제도 의욕이 생기지 않죠. 따라서 개의 수준에 딱 맞는 난이도의 과제를 즐겁게 푸는 것이 무엇보다 중요하답니다.

카밍시그널

영국에서 이루어진 실험을 통해 보호자가 화를 내면 개는 혀로 입가를 핥는 동작을 자주 한다는 사실이 밝혀졌는데요. 이러한 행동이 보호자의 입장에서는 자신에게 귀엽게 보여서 용서받으려는 것으로 보일 수 있지만, 사실은 개가 스트레스를 받았을 때 자신과 상대를 진정시키려는 카밍시그널(전위행동, Calming Signal)의 하나랍니다. 개는 보통 스트레스를 받거나 불안감, 공포 등을 느꼈을 때 자신과 상대방을 진정시키기 위해 카밍시그널을 보이는데요. 또 그 밖에 자신에게 악의가 없다는 것을 다른 개들에게 알려주거나 때론 상대방과 친해지기 위해 사용하기도 해요.

개는 싸움을 피하려고 노력하는 동물입니다. 그리고 만약 다툼이 벌어지면 그것을 해결하기 위해 최선을 다하죠. 그런 의미에서 카밍시그널은 대치 상황을 풀기 위해 몸짓으로 건네는 일종의 대화라고 볼 수 있어요. 다만 그 행동이 진짜 카밍시그널인지, 아니면 단순한 행동인지를 구별하는 것은 보호자의 몫이겠지요.

알려주개

카밍시그널의 종류

코를 핥아요

고개를 돌리거나 몸을 흔들어요

등을 돌리거나 앉아요

고개를 숙이고
앞가슴을 내려요

동작을 멈춰요

부드럽게 쳐다봐요

너의 능력을 보여줘

시간을 알 수 있어요

보호자들은 가끔 반려견이 시간을 정확히 아는 듯한 느낌을 받곤 하죠. 매일 보호자의 퇴근 시간에 맞춰 문 앞에서 기다리고 있다든지, 식사 시간이 되면 부르지 않아도 와 있다든지 하는 것들이요. 개들은 정말로 시간을 아는 걸까요? 미국의 한 심리학자는 개가 시간의 냄새를 맡을 수 있다고 했어요. 처음에 맡았던 냄새가 점점 옅어지는 것을 통해 시간의 변화를 알 수 있다는 것이죠. 다시 말해 보호자가 들어오는 시간이 매일 일정하다면 집안에 남아 있던 보호자의 냄새가 어느 정도까지 옅어졌을 때 들어온다는 것을 알고 미리 기다릴 수 있다는 거예요. '시간을 맡는다'는 표현의 의미를 아시겠죠?

이외에도 기온 상승에 따른 온도 변화나, 시간마다 달라지는 빛의 양을 감지한다는 체내시계(Biological Clock), 또는 거리에서 정기적으로 들려오는 소리 등도 개가 시간을 판단하는 근거가 될 수 있답니다.

가리키는 행동을 이해해요

　가리키는 무언가를 보거나 그것을 선택하는 건 생각보다 더 대단한 능력이에요. 개보다 지능이 높다는 침팬지도 사람이 가리키는 행동을 이해할 순 있지만 확률은 개보다 떨어지거든요. 또 손가락으로 가리키는 것을 이해시키는 실험에서도 반복 교육을 통해 성공하기까지 새끼 늑대는 11개월 가량 걸렸지만 개는 교육 없이 불과 9주 정도면 이해할 수 있었어요.

　교육 없이 이해할 수 있었다는 건 이 능력을 선천적으로 가지고 태어났다는 뜻일 텐데요. 이것은 어떻게 설명할 수 있을까요?

　러시아에서는 1959년부터 여우 선택 번식 실험이 이루어지고 있습니다. 여우 무리 중에서 사람을 잘 따르는 개체와 그렇지 않은 개체를 선별한 뒤 번식을 통해 세대를 거듭하게 만들면서 외모와 유전자가 어떻게 변화하는지를 조사하는 것이죠. 수십 세대를 거친 지금 여우는 마치 개처럼 사람을 따르게 되었고, 마찬가지로 사람이 가리키는 것을 이해하게 되었다고 합니다. 그렇다면 개가 가리키는 행동을 이해하는 능력을 지니게 된 것도 사람을 따르기 시작한 것과 관계가 있다고 볼 수 있겠죠?

사람은 못 듣는 소리를 들어요

　실험에 따르면 개는 12옥타브 도까지 들을 수 있다고 해요. 피아노가 낼 수 있는 가장 높은음인 8옥타브 도 이상이 되면 사람의 귀에는 거슬리는 고주파이거나 들리지 않는 초음파라고 하는데요. 개에게는 이러한 소리가 들리는 것이죠. 실제로 개 호루라기는 사람에게는 안 들리는 초음파를 내는데, 개에게는 날카로운 소리로 들리기 때문에 목장 등에서 이용되고 있어요.

　또 한편으로 개들은 또한 작은 소리를 듣는 능력도 뛰어나서 고주파라면 사람이 들을 수 있는 최소한의 크기인 0dB(데시벨)의 3분의 1에 해당하는 음량이라도 들을 수 있다고 합니다. 게다가 소리를 들을 수 있는 범위도 사람보다 4배나 더 넓고, 소리의 높낮이를 구별하는 능력도 탁월하죠.

　참고로 개의 청각은 오감 중에서도 가장 늦게 발달해서, 갓 태어난 새끼는 소리를 전혀 듣지 못하다가 생후 2~3주 정도가 지난 후부터 조금씩 들리기 시작한다고 하네요.

　한가지 설에 따르면 개가 편안하게 쉬는 모습을 보고 마음이 편해지는 것은 인간보다 감각이 예민한 개가 편하게 쉬고 있다면 그것이 곧 안전하다는 증거이기 때문이라고 하는데요. 이처럼 사람은 알게 모르게 개의 예민한 감각 덕을 많이 봐왔답니다.

간단한 계산은 식은 죽 먹기

한가지 실험에 따르면 개가 보는 앞에서 칸막이 뒤에 간식을 한 개 숨기고, 뒤이어 한 개를 또 숨긴 뒤 칸막이를 제거했을 때 간식이 하나만 있거나 세 개가 있으면 의심하듯이 쳐다보는 시간이 길어졌다고 합니다. 이를 통해 개들은 간단한 계산 정도는 할 수 있는 것으로 여겨지고 있는데요.

개가 어떻게 스스로 계산을 할 수 있는지 의아할 순 있지만 간단한 계산은 개가 살아가는 데도 필요한 능력이에요. 가령 어미 개가 새끼를 낳으면 매일 그 수를 세어서 혹시나 없어진 새끼가 있는지 확인해야 하니까요.

댕댕이 짤막상식   개의 미각

사실 개는 뛰어난 청각과 후각에 비해 미각은 둔한 편인데요. 맛을 느끼는 기관인 혀의 미뢰가 사람은 9,000개 정도 있는 반면 개의 경우 2,000여 개에 불과하기 때문입니다. 따라서 개도 단맛, 쓴맛, 신맛, 짠맛을 모두 느낄 수는 있지만 사람처럼 세심하게 느끼지는 못한다고 해요. 그렇다면 개가 맛있다고 느끼는 음식은 뭘까요? 바로 좋아하는 '냄새'가 나는 거예요. 개는 미각은 둔하지만 후각이 발달해 있기 때문에 냄새로 음식을 구분한답니다.

목소리만 들어도 얼굴이 그려져요

개는 보호자의 목소리를 들으면 확실하게 보호자의 얼굴을 떠올린다고 해요. 심리학 실험에서는 조건이 일치할 때보다 불일치할 때 모순을 느끼면 응시하는 시간이 길어지는데, 개에게 보호자의 목소리를 들려주며 보호자의 사진을 보여주었을 때(일치 조건)보다 다른 사람의 사진을 보여주었을 때(불일치 조건) 바라본 시간이 더 길었던 거죠.

그런데 가령 보호자가 반려견과 영상통화를 할 때는 개가 보호자를 알아보지 못하고 이리저리 찾아다니기도 하는데요. 보이는 얼굴이 너무 작으면 인식하지 못하기 때문이에요. 들리는 목소리는 분명히 보호자가 맞는데 화면이 너무 작아서 그 모습을 찾지 못하는 거랍니다.

한편 개는 사람의 목소리만 들어도 남자인지 여자인지 알 수 있다고도 해요. 남녀의 얼굴 사진을 보여주며 목소리를 들려주면 남자 얼굴에 남자 목소리 또는 여자 얼굴에 여자 목소리처럼 조건이 일치할 때보다 여자 얼굴에 남자 목소리처럼 조건이 일치하지 않을 때 바라보는 시간이 더 길었다고 합니다. 이처럼 남녀의 얼굴과 목소리가 천차만별이어도 개는 확실히 '남자'와 '여자'의 개념을 구분하고 분류할 수 있어요.

희미한 냄새라도 맡을 수 있어요

　개의 후각이 뛰어나다는 사실은 이미 널리 알려져 있죠. 사람이 많은 것을 시각에 의존하는 만큼 개는 후각에 의존한다고 하니까요. 개의 후각이 특히 더 뛰어난 건 야생에서 먹이를 찾거나 적을 피하고, 또 다른 개들과 소통하기 위해 반드시 필요한 능력이었기 때문이라고 하는데요. 실제로 개의 후각은 인간보다 100만 배 예민하다고 해요. 즉 공기 중에 떠다니는 냄새 분자가 사람이 간신히 맡을 수 있는 농도의 100만 분의 1이 되어도 감지할 수 있다는 뜻이죠. 그렇다고 구린 냄새를 사람보다 100만 배 더 구리게 느낀다는 건 아니에요. 그랬다면 이미 악취를 맡은 개는 전부 기절했을 테니까요.

　현재 이 뛰어난 개의 후각을 이용해 인간의 병을 조기 발견하려는 시도가 이루어지면서 숨이나 혈액의 냄새를 통해 질환을 발견하거나, 간질 발작 환자의 땀 냄새를 통해 발작 징후를 알아채는 개 등이 등장하고 있다는데요. 영국에 사는 어떤 개는 당뇨병에 걸린 보호자 곁에서 온종일 함께하며 숨에서 저혈당 냄새를 맡으면 앞발로 건드려 알리는 방법으로 지금까지 보호자의 목숨을 무려 3,500번 이상이나 구했다고 합니다. 개는 정말로 인간에게는 없어서는 안 될 존재인 것 같죠?

믿을만한 사람을 골라요

개는 스스로 믿을만한 사람을 판단할 수 있다고 하는데요. 이를 알아보기 위한 실험이 있습니다. 먼저 사람 A가 4개의 컵 중 하나에 간식을 넣습니다. 개는 A의 얼굴은 보이지만 손은 가림막으로 가려져 있어 어느 컵에 간식을 넣었는지 모릅니다. 그 후 사람 B가 방에 들어와 가림막을 제거한 뒤 A와 B가 동시에 다른 컵을 가리킵니다. 그러면 개는 높은 확률로 A가 가리킨 컵을 선택합니다. B는 방에 없었으니까 간식이 어디 있는지 당연히 모를 거라고 생각한 거죠.

그다음 실험도 해볼까요. 간식이 든 컵과 빈 컵을 준비하고 처음에는 간식이 든 컵을 가리킵니다. 그리고 그 컵을 선택한 개에게는 간식을 줍니다. 두 번째로 빈 컵을 가리켜 선택하게 합니다. 그러면 개는 간식을 얻지 못합니다. 마지막으로 다시 간식이 든 컵을 가리켰을 때 대부분의 개는 그것을 무시하고 다른 컵을 선택했습니다. 다시 말해 두 번째 가리켰을 때 거짓말을 했기 때문에 이 사람은 믿을 수 없다고 판단한 거예요. 이제 아셨죠? 개의 통찰력을 함부로 보면 큰코다칠지도 몰라요.

제 이름을 인식할 수 있어요

　자기 이름을 안다는 건 언뜻 보면 당연하다고 생각할 수 있지만 개가 자신의 이름이라면 모르는 사람이 불러도 알아들을 수 있다는 사실은 최근에 이르러서야 정식으로 밝혀졌어요.

　개를 여러 사람이 동시에 이야기하는 환경 속에 두고 그 개의 이름을 부르는 목소리와 그것과 아주 비슷한 이름을 부르는 소리를 겹쳐서 들려주는 실험을 했는데, 이때 소리를 내는 사람은 생전 처음 보는 사람이었을뿐더러 스피커 두 개 중 한쪽에서만 이름을 부르는 소리를 내보냈죠.

　그럼에도 자신의 이름을 들은 개는 높은 확률로 소리가 나온 스피커 쪽을 돌아보았다고 합니다. 다시 말해, 개는 자신의 이름을 소리만으로도 인식할 수 있다는 거였죠. 또한 이 실험을 통해 개는 단순히 이름을 부르는 사람의 몸짓과 시선을 근거로 반응하는 것이 아닐 뿐만 아니라 보호자의 목소리와 어조가 아니더라도 인식할 수 있다는 사실이 밝혀졌어요.

　이것은 동시에 소음 속에서도 자신에게 의미 있는 정보에 집중하는 칵테일파티 효과가 개에게도 적용된다는 것을 보여주기도 해요. 보호자가 지어준 이름을 이토록 소중히 여긴다니 앞으로 반려견에게 이름을 지어줄 때는 좀 더 신중해야겠네요.

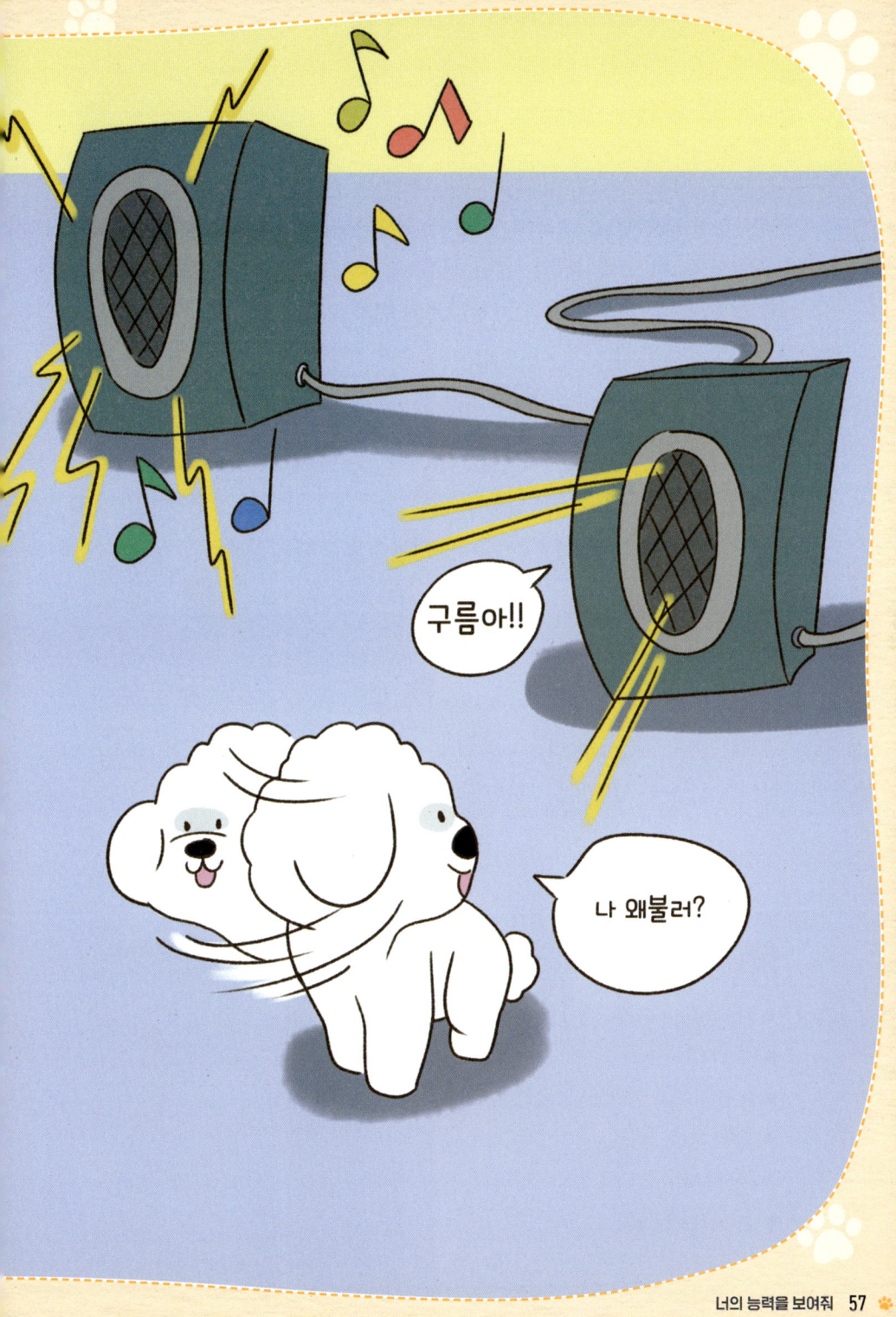

많고 적음을 따질 수 있어요

개는 많고 적음(양)을 비교할 수 있다는 사실이 연구를 통해 밝혀졌습니다. 이에 따르면 개가 비교할 수 있는 양은 2~10 정도라고 하는데요. 흥미로운 점은 이러한 능력은 이미 스스로 알고 있기 때문에 따로 교육할 필요가 없다는 거예요. 사료가 담긴 그릇 중 자연스럽게 더 많은 쪽을 선택하는 것도 직감적으로 알고 있기 때문이라는 거죠. '어느 쪽이 더 이득인가'를 구분하는 순간적인 판단은 아마 야생에서부터 필요하지 않았을까요?

언뜻 보고 숫자를 비교해 많은 쪽을 골라요.

댕댕이 짤막상식 — 개에게 절대 주지 말아야 하는 음식

- 카페인이나 자일리톨 성분이 함유된 식품
- 포도나 건포도
- 오징어, 새우, 조개와 같은 어패류
- 양파, 마늘, 버섯
- 아보카도
- 견과류나 초콜릿

건성으로 하는 말도 다 알아요

개는 좌뇌로 단어를, 우뇌로 억양을 이해한다고 하는데요. MRI 장치를 이용한 실험에 따르면 개는 보호자가 칭찬의 말을 칭찬하는 말투로 했을 때만 도파민이 분비되어 기쁨을 느낀다고 합니다. 칭찬의 말을 감정 없는 평탄한 어조로 말하거나, 전혀 상관없는 말을 칭찬하는 투로 말해도 단어와 억양이 일치하지 않아 기쁨으로 이어지지 않는다는 거죠. 다시 말해 개는 정말로 칭찬하는 것인지 아닌지 다 알 수 있답니다. 더군다나 개는 사람의 표정도 구분할 수 있다고 하니 웃으면서 칭찬하는 것도 중요하겠네요.

참고로 개를 칭찬할 때는 높고 다정한 목소리가 기본이에요. 그리고 개를 부를 때는 "이리 와, 이리 와!" 하는 느낌으로 짧은 단어를 되풀이하는 것이 효과적이라고 알려져 있는데요. 반대로 개의 행동을 억제하고 싶을 때는 "안 돼-" 하고 길게 늘이며 낮은 목소리로 말하는 것이 효과적이라고 합니다.

4초 만에 물기가 사라지는 마법

개들은 몸이 젖으면 재빨리 몸을 털어 물기를 없애죠. 이러한 행동은 실제로 얼마나 효과가 있을까요? 미국의 한 연구자가 개가 몸을 터는 모습을 고속 카메라로 촬영한 결과 소형견은 1초에 6.8번, 대형견은 4.5번이나 몸을 털어 4초 만에 70%의 수분을 날렸다고 해요. 등뼈가 30° 정도 회전하는 동안 피부는 원심력에 의해 90°나 이동했다고 하니 생각보다 더 대단한 능력이라고 할 수 있겠네요.

물기를 제거하기 위해 몸을 터는 건 개를 비롯해 털을 가진 많은 포유류 동물들이 하는 행동인데요. 이는 생존 본능과도 연결되어 있다고 합니다. 물을 먹은 털은 몸을 무겁게 만들어 혹시 모를 상황에 달아나기 힘들 뿐만 아니라 저체온을 일으킬 가능성도 있기 때문이죠. 그래서 몸이 젖자마자 빠르게 털어내는 것이랍니다.

참고로 개는 물에 젖는 경우가 아니더라도 몸을 터는 행동을 자주 하곤 하는데요. 귀와 같이 예민한 부위를 자극하거나, 불안한 상황에서 긴장을 떨치기 위해 하기도 하고, 잠에서 깼을 때 털을 깨끗하게 유지하기 위한 본능적인 행동으로 몸을 털기도 해요. 또 좋은 일이든 나쁜 일이든 이로 인해 어떠한 감정을 느낀 경우 그것을 가라앉히기 위해 몸을 털기도 한답니다.

우리는 4초면 된다구요―!

사람의 성별을 구분해요

앞서 개는 얼굴과 목소리로 남녀를 구분한다고 했죠. 실제로 개가 남성보다는 여성의 말을 더 잘 따르지 않나요? 전문가에 따르면 이는 남녀 목소리의 주파수가 다르기 때문이라고 하는데요. 기본적으로 남성보다 높은음을 내는 여성의 목소리는 그 주파수가 개를 비롯한 동물들에게 더 잘 들린다고 합니다.

또 개는 여성보다 남성에게 더 잘 짖을 뿐만 아니라 방어와 공격 행동도 많이 보인다는 기록이 있는데, 일반적으로 여성은 잘 경계하지 않지만 드센 개는 쉽게 얕볼 수도 있다는 점이 있고, 남성은 쉽게 경계하는 반면 절대복종하는 개도 있다고 합니다. 이에 대해 한 연구자는 '개는 여성에게는 경호원처럼, 남성에게는 동료처럼 행동한다.'라고 했다네요.

그리고 '남자는 이런 존재', '여자는 이런 존재'라는 개념을 가진 개는 다른 남성이나 여성에게도 동일한 태도를 보이는 경향이 있어요. 특정 여성에게 어리광을 부리는 개는 다른 여성에게도 똑같이 어리광을 부린다는 거죠.

참고로 개와 스킨십을 하면서 애정 호르몬인 옥시토신이 많이 분비되는 쪽도 여성이라고 합니다.

복잡한 계산도 문제없어요

　모래사장에 안전요원이 있고, 대각선 방향의 바다에 물에 빠진 사람이 있습니다. 안전요원이 물에 빠진 사람에게 가장 빨리 갈 수 있는 경로는 직선인 A일까요, 오래 달려가 짧게 헤엄치는 B일까요, 아니면 그 중간인 C일까요? 모래사장을 달리는 속도가 헤엄치는 것보다 빠르다는 전제하에서요.

　이 문제는 노벨물리학상을 받은 리처드 파인만이 만든 '안전요원이 선택해야 할 경로는 무엇인가?'입니다. 여기서 자세한 계산법은 생략하고 정답은 C인데요. 재미있는 건 이 문제를 풀려면 미적분에 관한 지식이 필요한데, 개는 그저 본능적으로 가장 빠른 경로(C)를 선택한다는 점이에요. 미국의 한 수학자가 반려견과 해변에서 놀다가 바다에 던진 공을 개가 가장 빠른 경로로 주워오는 것을 발견하고 논문을 써 학회에 발표함으로써 밝혀진 사실이랍니다.

　사실 이와 같은 능력은 곤충도 가지고 있다는 것이 실험으로 확인된 바 있어요. 이들도 굳이 계산하지 않아도 본능으로 이미 아는 거죠.

짖는 소리로 상대를 파악할 수 있어요

개는 다른 개가 짖는 소리만 듣고도 상대의 크기를 알아챈다고 합니다. 실험에서 어떤 개의 실물 크기와 같은 사진과 30% 확대 또는 축소한 사진을 동시에 보여주며 그 개가 짖는 소리를 들려주었더니 어김없이 실물 크기의 사진을 쳐다봤다고 하네요. 사람은 알 수 없는 개들만의 목소리 구별법이라도 있는 걸까요?

댕댕이 짤막 상식

개는 이럴 때 짖는다

- 단순히 배가 고프거나, 심심하니 놀아달라는 뜻으로 관심을 끌려 할 때
- 초인종 소리나 밖에서 들리는 발소리, 문 두드리는 소리 등에 침입자가 들어올 것이라 생각해 자신의 영역을 보호하고자 할 때
- 보호자를 비롯한 사람이나 다른 개를 오랜만에 만나는 경우 반가운 마음에
- 분리불안의 증상 중 하나로 보호자가 없어 불안하고 두려울 때
- 몸에 이상이 있거나 통증을 느낄 때

사물의 이름은 최대 몇 개까지?

개는 사물의 이름을 최대 몇 개까지 기억할 수 있을까요. 기록에 따르면 심리학자 존 필 리가 키우던 보더콜리 체이서는 무려 1,022개나 되는 장난감의 이름을 기억했다고 해요. "○○ 가져와" 하고 말하면 제대로 그 이름을 가진 인형이나 공을 물고 왔죠. 이 정도로 많은 숫자는 사람도 기억할 수 있을지 장담할 수 없을 텐데 말이에요.

참고로 체이서는 단어뿐만 아니라 "to frisbee take ball(원반이 있는 곳에 공을 가지고 가.)"와 같이 전치사, 명사, 동사로 된 짧은 문장을 이해하고 그대로 행동할 수 있었답니다. 정말 대단하죠?

한편 영국에서는 한 실험을 통해 개가 사람들의 대화만 듣고도 사물의 이름을 기억할 수 있다는 것을 알아냈는데요. 개 앞에서 두 사람이 장난감을 들고 그 장난감의 이름을 말하며 대화한 후 개에게 "○○ 가져와" 하고 말했더니 정말로 그 장난감을 가지고 왔다고 합니다. 개의 능력은 정말 알면 알수록 무궁무진하지요.

개가 지난 일을 떠올리는 방법

　미국의 생물학자 마크 베코프 교수는 자신의 연구 결과를 통해 개는 과거 10~15분 이상의 기억은 지속해서 가지고 있지 않는다고 주장했습니다. 그렇다면 개가 기억하고 있는 것은 무엇일까요?

　개는 자신에게 일어나는 어떤 상황이 지속적으로 반복될 경우 당시의 행동이나 감정이 각인되어 학습의 기억으로 자리 잡습니다. 따라서 미래에 유사한 상황이 발생하면 학습된 기억에 의해 본능적으로 반응하죠. 만약 학습된 기억이 불안이나 공포와 같은 부정적인 감정이라면 트라우마가 되어 오랫동안 영향을 받을 수도 있습니다.

　또한 뛰어난 후각을 이용해 어떠한 대상이나 관련된 감정을 기억할 수도 있는데요. 오랫동안 떨어졌다가 다시 만난 보호자를 단번에 기억하는 것도 이 때문입니다. 지금 이 순간을 기억하지 못한다고 해도 너무 서운해 마세요. 함께 나누었던 감정만큼은 개에게도 분명히 남아 있을 테니까요.

알려주개

 견종별 평균 수명

 골든 리트리버　　**10~13** years

 레브라도 리트리버　**10~12** years

 치와와　　　　　　**14~16** years

 웰시코기　　　　　**12~14** years

 닥스훈트　　　　　**10~14** years

 시츄   15~18 years

 퍼그   12~13 years

 말티즈   12~15 years

 포메라니안   12~16 years

 토이푸들   14~18 years

 믹스   12~14 years

 시츄　　　　　　　　　　　　　　　15~18 years

 퍼그　　　　　　　　　　　　12~13 years

 말티즈　　　　　　　　　　　　12~15 years

 포메라니안　　　　　　　　　　12~16 years

 토이푸들　　　　　　　　　　　14~18 years

 믹스　　　　　　　　　12~14 years

가깝고도 먼 우리 사이

너의 얼굴이 익숙한 이유

　반려견과 닮았다는 말을 한 번쯤 들어본 적이 있진 않나요? 실제로 사람은 자신과 비슷하게 생긴 개를 고르는 경향이 있다고 하는데요. 사람에게 가장 익숙한 얼굴은 바로 자기 자신이죠. 그리고 낯선 것보다는 익숙한 것에 친숙함을 느끼기 쉽고요. 따라서 자신과 닮은 상대에게 호감을 느끼게 되는데 이를 동물학에서는 '동류교배(Assortative Mating)'라고 합니다.

　결국 자신과 비슷한 개를 고르게 되는 것도 이러한 현상이 적용되었기 때문이라고 할 수 있어요. 영국에서 실시한 조사에 따르면 머리가 긴 사람은 귀가 늘어진 개를, 귀가 보일 정도로 단발인 사람은 귀가 선 개를 선호한다는 결과가 나왔는데, 이것도 자신과 닮은 개를 좋아하기 때문이랍니다.

　분명 처음에는 전혀 안 닮았었는데?! 라고 말하는 보호자들도 있을 텐데요. 그건 아마 부부도 오랜 세월을 함께할수록 서로 점점 닮아간다는 말이 있는 것처럼 반려견과의 생활도 길어지면 길어질수록 서로 닮아가게 되는 것 아닐까요?

갑자기 사라지면 왜 당황하는 거니

보호자가 자신의 반려견 앞에서 사라지는 장난을 찍은 영상들이 인기였죠. 영상 속에서 반려견들은 가림막이 제거됨과 동시에 사라진 보호자를 보고는 당황해하는데요. 보호자가 서 있던 자리를 계속 쳐다보거나 짖기도 하고 사라진 보호자를 찾기 위해 이리저리 돌아다니기도 해요.

개가 이러한 장난에 놀라는 이유는 물체는 눈에 보이지 않아도 존재한다는 물리 법칙인 '대상 영속성(Object Permanence)'을 이해하기 때문입니다. 보호자가 그곳에 있었으니 가려졌어도 계속해서 있다고 생각하는 거죠. 사라진 모습을 보고 당황해하는 게 당연해요.

물리 법칙을 이해하기 때문에 놀라는 거예요.

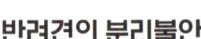 **반려견의 분리불안**

반려견이 보호자와 떨어지게 되면 불안해지면서 여러 가지 문제행동을 보이게 되는데 이를 분리불안이라고 합니다. 분리불안이 나타나는 이유에는 보호자와의 애착 상태가 비정상적으로 강하거나 사회화 부족, 갑작스러운 환경의 변화, 파양이나 학대 등의 트라우마 등이 있으며, 그 증세로 짖거나 하울링하기, 배변 실수, 물건을 물어뜯거나 부수기, 심하면 자해나 식분증까지 나타난다고 하는데요. 이러한 분리불안을 치료하기 위해서는 보호자가 언제든지 나갔다가 들어올 수 있다는 것을 반려견에게 인지시켜 주는 것이 무엇보다 중요하다고 합니다.

사람의 말을 할 수 있다고?

미국의 한 음성언어 전문가가 자신의 반려견에게 누르면 29개의 단어를 말하는 장치를 주었습니다. 그러자 그 개는 산책가고 싶을 때는 'Park', 'Play', 보호자가 보고 싶을 때는 'Want', 'Jake', 'Come' 버튼을 눌렀다고 해요. 자신의 의사를 사람의 언어로 정확히 표현한 것이죠.

참고로 요즘 반려인들 사이에서 강아지 번역기 제품이 화제라고 하는데요. 이 장치는 반려견의 울음소리를 분석해 사람의 언어로 나타내준다고 해요. 사실 그 정확도는 애매한 수준이라 호기심에 한 번쯤 사용해보고 마는 정도지만 언젠가 기술이 좀 더 발전하면 제대로 된 번역기가 나올 수 있지 않을까요? 그리고 그때야말로 내 반려견이 무슨 말을 하고 싶어 하는 건지 정확히 알 수 있게 되는 날일 거예요.

삐- (hungry) 삐- (hungry)

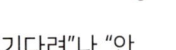

올바른 반려견 산책 방법

- 산책 시 일어날 수 있는 돌발행동을 제지하기 위해 기본적으로 "기다려"나 "안 돼"는 교육된 상태여야 합니다.
- 배변봉투, 물통, 간식 등을 챙기고, 목줄에는 이름표를 달아주며 풀리지는 않는지 꼼꼼히 확인합니다.
- 사람이 많은 곳에서는 줄을 짧게 잡고 보호자의 걸음에 맞춰 안쪽으로 걷도록 합니다.

내 곁이 안전하다고 느끼니?

　아이가 불안할 때 부모 뒤에 숨듯이 개도 무섭거나 불안하면 보호자 곁으로 와요. 개들에게 보호자는 든든한 안식처거든요. 즉 반려견과 보호자의 관계는 부모 자식과 비슷하다고 할 수 있죠.

　또한 안정적인 애정을 주어 엄마를 안전한 울타리라고 느끼는 아이는 건전하게 성장하고 정서도 안정된다고 합니다. 여차하면 도망칠 수 있는 곳이 있으니 새로운 세계에도 겁먹지 않고 도전할 수 있는 것인데요. 다른 아이들과 놀면서도 주기적으로 돌아보며 엄마의 존재를 확인하는 아이가 그러한 경우라고 해요. 그리고 실험에 따르면 개도 마찬가지로 신뢰하는 보호자가 곁에 있으면 모르는 곳에서도 잘 논다고 합니다. 보호자가 절대적인 안식처가 되어 준 덕분에 안심할 수 있는 것이겠죠.

내 뒤엔 든든한 보호자가 있다구!

댕댕이 짤막 상식

개가 싫어하는 행동

- 억지로 껴안거나 뽀뽀하는 등 너무 과한 스킨쉽, 혹은 발이나 꼬리처럼 개가 싫어하는 부위를 만지는 것
- 야단치거나 소리를 지르는 행동, 이외에도 깜짝 놀랄 정도의 큰 소음이 발생하는 것
- 보호자가 관심을 주지 않거나 계속해서 방치하는 것
- 수면을 방해하거나 코를 때리는 것, 갑작스러운 환경 변화 등

제일 좋아하는 건 역시 간식?

　쓰다듬어주는 사람과 먹을 것을 주는 사람 중 개가 누구에게 더 많이 다가가는지 실험해본 결과 먹을 것을 주는 사람에게 더 많이 다가갔다고 해요. 마찬가지로 말없이 쓰다듬어주는 사람과 말로만 칭찬해 주는 사람 중에서는 쓰다듬어주는 사람을 선호했고요. 그렇다면 개가 좋아하는 보상은 음식 > 스킨십 > 칭찬 순이겠네요. 개가 가장 기뻐하는 보상은 역시 먹는 것인가 봐요.

　다만 또 다른 실험에서 Y자 구조물의 한쪽 끝에는 보호자, 다른 한쪽 끝에는 간식이 있는 경우, 대부분의 개가 보호자에게로 달려갔다는 결과가 나온 걸 보면 개마다 생각하는 우선순위가 다를지도 모르겠습니다. 어떤 개는 간식에 대한 기대치가 가장 높고 또 어떤 개는 스킨십에 대한 기대치가 가장 높은 식으로요. 어떤 보상을 더 선호하는지는 그 개의 교육 정도나 유전, 공복감 등에 따라 달라지겠죠. 물론 뭐니 뭐니해도 제일 좋은 건 쓰다듬어주면서 먹을 것도 주고 칭찬하는 말도 잔뜩 해주는 거겠지만요.

바둑이 잘했어!!

응가할 때 왜 쳐다보는 거니

　개의 배변 활동은 배뇨를 할 때보다 동작이 많고 시간도 오래 걸려요. 무방비 상태로 노출되는 시간이 그만큼 더 길다는 뜻이죠. 따라서 개가 배설하는 모습을 물끄러미 보고 있으면 경계하느라 쳐다보는지도 몰라요. 아니면 오히려 반대로 보호자의 얼굴을 보면서 마음을 편하게 하려는 것일 수도 있고요. 혹시나 실내에서 배변판에 배설했을 때 칭찬받은 경험이 있어서 '싸고 나면 칭찬해 주겠지?' 하고 기대하는 것일 수도 있다고 하네요.

댕댕이 짤막 상식　　　　　　　성공적인 배변을 위해

* 개는 기본적으로 잠을 자거나 밥을 먹는 등 주로 활동하는 공간에서 떨어진 곳에 볼일을 보는 습성이 있어요. 따라서 이를 고려한 위치에 배변 패드를 깔아 줍니다. 참고로 배변 패드는 우선 여러 장소에 깔아둔 뒤에 반려견이 사용하지 않는 것부터 하나씩 치워주는 것이 좋아요.

* 만약 배변 패드에 성공적으로 볼일을 봤다면 칭찬과 함께 간식으로 보상해주되 다른 곳에 배변 실수를 했다고 해서 소리를 지르거나 혼내서는 안 됩니다. 오히려 실수한 곳을 화장실로 만들어 주는 것도 하나의 방법이 될 수 있어요.

울음소리에 몸이 반응하는 이유

사람은 아기의 울음소리뿐만 아니라 개가 슬피 우는 소리에도 민감하게 반응한다고 해요. 포유류 동물의 울음소리는 주파수가 모두 비슷하기 때문이죠. 애처롭게 낑낑대는 소리를 무시할 수 있는 사람은 아마 별로 없을 거예요. 새끼 물개의 울음소리에 암사슴이 반응하고 달려온 경우도 있다고 하니 새끼의 울음소리는 종을 가리지 않고 신경 쓰이도록 만드는 것 같습니다.

참고로 개는 고양이보다도 사람에게 슬픔을 더 잘 표현하는 것으로 보이는데요. 많은 사람에게 개와 고양이의 울음소리를 들려주고 슬픔의 정도를 평가해 보라고 했더니 고양이보다 개가 더 슬퍼하는 것 같다고 느끼는 쪽이 많았던 거죠. 개의 울음소리에는 뇌를 자극하는 무언가가 더 있는 걸까요? 그게 아니면 고양이와 달리 미간을 위로 끌어올려 애처로운 표정을 지을 줄 아는 개의 얼굴을 떠올렸기 때문인지도 몰라요.

무슨 말을 하고 싶은지 알 수 있어

한 조사에 따르면 개가 먹을 것을 뺏기지 않으려 할 때의 울음소리, 보호자와 장난감을 가지고 놀 때의 울음소리, 그리고 낯선 사람을 경계할 때의 울음소리를 각각 녹음해서 들려주었을 때 많은 사람이 개가 우는 이유를 맞췄다고 합니다. 정답률은 개를 키워본 경험이 있는 사람, 그리고 오래 키운 사람일수록 높았고요. 또 전체적으로 남성보다 여성의 정답률이 높았다고 하네요. 이를 통해 보호자들도 개의 울음소리만 듣고 상황을 짐작할 수 있음을 알 수 있어요.

한편 미국의 한 심리학 교수는 실험을 통해 생후 6개월 된 아기도 개의 울음소리를 구분할 수 있다는 사실을 알아냈다고 하는데요. 아기에게 개의 울음소리를 들려주며 여러 장의 사진을 보여주자, 낑낑거리는 소리를 들었을 때는 애처로운 표정의 개 사진을, 어리광부리는 소리를 들으면 어리광부리는 개의 사진을 빤히 쳐다보았다고 해요. 개가 인간의 감정을 읽는 것처럼 우리 인간도 개와 함께 살면서 그들의 말을 이해하도록 진화한 건 아닐까요?

말하지 않아도 아시죠?

배를 보인다는 것

흔히 개가 몸을 뒤집고 배를 보여주는 행동이 보호자에게 복종한다는 의미라고 알려져 있는데요. 그러나 캐나다의 한 대학에서 개들끼리 배를 내보이는 행동들을 분석했더니 모든 사례가 노는 중에 방어나 반격, 또는 상대에게 같이 놀자고 하기 위해 배를 보여 준 것이었고 복종의 의미는 단 한 건도 없었다고 해요.

사실 배를 보여주는 행동에는 다양한 의미가 있고 '복종'은 그중 하나일 뿐입니다. 이는 상대에게 같이 놀자고 어리광부리는 것이기도 하고, 약점인 목덜미를 지키는 방어의 뜻일 수도 있죠. 또 상대가 공격하면 같이 물려고 대비하는 반격의 의미이거나 단순히 배를 쓰다듬어 달라는 몸짓일 수도 있어요. 복종과는 거리가 멀죠.

개의 조상인 늑대는 집단생활을 했기 때문에 질서를 유지하기 위해 무리 안에서 서로 위협하거나 복종할 필요가 있었어요. 하지만 무리를 만들 필요가 없는 현대의 개들에게 배를 보여주는 행동은 오늘날 다양한 뜻이 담긴 신호가 된 것이랍니다.

긴장하지 않아도 되는 사이에서 배를 보이는 건 단순히 놀이인 경우가 많아요.

내 시선을 의식하는 것 같아

영국의 한 대학에서 발표한 연구에 따르면 곁에 있는 사람이 개를 보고 있을 때와 등을 돌리고 있을 때 중에서 전자의 경우에 꼬리를 흔들거나 코를 핥고, 귀여운 표정을 짓는 동작을 많이 한다고 하는데요. 여기서 귀여운 표정이란 미간을 위로 올린 애처로운 표정같이 사람이 심쿵하는 표정을 말합니다.

또 다른 실험에서는 보호자가 보고 있을 때는 '엎드려'나 '기다려'를 제대로 지키는 개도 보호자가 등을 돌리거나 방에서 나가면 명령을 무시하고 그 자세를 그만두는 경우가 많았다고 해요.

이외에 사람과 같은 공간에 있는 상황에서 간식이 주어진 경우 방 안이 어두워진 순간에는 '기다려'를 시켜도 몰래 먹는 개가 많다는 실험 결과도 있습니다. 어두우니까 아무도 모를 거라고 생각한 거겠죠. 자, 그럼 각각의 실험을 통해 알 수 있는 사실은 뭘까요? 바로 개는 사람의 시선을 제대로 의식하면서 행동한다는 거예요.

왜 나를 속이는 거니?

　스위스 취리히 대학교의 연구진들은 개는 원하는 것을 얻기 위해 사람을 의도적으로 속인다는 사실을 밝혀냈는데요. 그 실험은 다음과 같았다고 해요. 먼저 개 앞에 세 개의 상자를 준비합니다. 그리고 첫 번째 상자에는 맛있는 소시지를, 두 번째 상자에는 흔한 간식을 넣고, 세 번째 상자는 비워 둡니다. 이때 개는 상자를 스스로 열 수 없고 안에 있는 간식을 먹으려면 사람을 상자까지 데리고 가 열어 달라고 해야 합니다.

　이러한 상황에서 개가 데려갈 수 있는 사람으로 개에게 간식을 주는 협조적인 보호자와 반대로 간식을 자기가 갖는 비협조적인 타인 A가 있다면, 보호자와 A의 특징을 인지한 상태에서 개는 두 사람을 각각 어느 상자로 데려갈까요?

　결과를 보면 시간이 지날수록 협조적인 보호자는 소시지가 든 상자로, 비협조적인 타인 A는 빈 상자로 데려가는 경우가 많았습니다. A가 소시지를 가져가지 못하도록 일부러 빈 상자로 데려가 그를 속인 것이죠. 이처럼 개는 누가 자신에게 협조적인지 구분할 줄 알고 거기에 맞춰 전략적으로 행동하는 지혜와 유연함을 가졌답니다.

일부러 그러는 거 다 알아

　영국의 한 동물보호시설에 따르면 애교 많은 개보다 슬픈 표정을 짓는 개가 더 빨리 입양 간다고 해요. 슬픈 표정이 지켜주고 싶다는 사람의 보호 본능을 자극하기 때문일까요? 이처럼 사람이 주목하게 되는 개의 표정은 즐거워하는 표정보다는 애처롭게 올려다보는 표정이라고 합니다.

　개는 미간을 끌어 올려 슬퍼 보이는 표정을 만들 수 있어요. 이렇게 하면 눈동자가 커 보이면서 어린 강아지 같은 귀여움을 연출할 수 있는데요. 사람도 슬프거나 난처할 때 자주 짓는 표정이죠. 그렇다면 실제로 개들도 슬픔을 느껴서 이런 표정을 짓는 걸까요?

　사실 개의 조상격인 늑대는 이 표정을 만드는 눈 위쪽의 근육이 거의 없습니다. 따라서 개는 세대를 거쳐오면서 사람에게 귀여워 보이도록 눈 위의 근육을 발달시켰다고 볼 수 있어요. 이러한 표정을 사람 앞에서 빈번하게 보여준다는 것이 실험으로 밝혀졌거든요. 사람들이 이 표정에 약하다는 것을 제대로 알고 있는 거죠. 다시 말해 정말 슬퍼서 그런 표정을 짓는 게 아니라 이 표정을 지었을 때 사람들이 보인 반응을 기억하고 비슷한 상황에 이용하는 거랍니다. 역시 만만치 않은 상대네요.

점점 닮아가는 우리

강아지에게는 사람과 마찬가지로 타인의 행동과 표정을 판단의 근거로 삼는 '사회적 참조(Social Referencing)'가 일어납니다. 예를 들어 처음 본 것이라도 어미가 무서워하면 틀림없이 달아나는 게 맞다고 생각하면서 어미가 무서워하는 것을 곧 자신도 무서워하게 되는 거죠.

이 사회적 참조는 보호자에 대해서도 일어나는데요. 처음 보는 신기한 것에 대해 보호자가 긍정적인 반응을 보이면 개는 그것에 가까이 다가가는 등의 행동을 보이고, 반대로 부정적인 반응을 보이면 개는 좀처럼 다가가지 않는다는 실험 결과가 있다고 해요.

한편 해외에서 1700여 마리의 개와 보호자의 성격을 조사한 기록에 따르면 사교적이고 쾌활한 사람은 활발한 개를, 섬세한 사람은 얌전하고 조심성이 많은 개를 기르는 경향이 나타났다고 하는데요. 이에 대해 전문가의 말을 따르면 사교적인 사람은 반려견을 자주 데리고 나가기 때문에 자연스럽게 반려견도 사교적인 성격이 되는 것이라고 합니다. 즉 보호자가 반려견의 성격을 만들어나가는 부분이 있다는 거죠.

보호자는 나의 거울!

내가 먼저 시범을 보여줄게

강아지에게는 모방을 통해 학습하게 되는 '사회적 학습(Social Learning)'이 일어나는데요. 그 대상은 보통 어미나 형제와 같이 주변에 있는 개들로, 강아지는 그들의 행동을 따라 함으로써 자신이 할 수 있는 일을 늘려갑니다.

그런데 실험에 따르면 개는 사람의 행동도 모방한다고 해요. 이러한 사실은 통 안에서 공을 꺼내려면 두 가지 방법이 있다고 할 때, 사람이 첫 번째 방법의 시범을 보여주면 개도 첫 번째 방법으로, 두 번째 방법의 시범을 보여주면 개도 두 번째 방법으로 꺼내는 경우가 많았다는 실험 결과를 통해 알 수 있어요.

이를 이용한 개의 새로운 교육법으로 '모방 학습'이라는 것이 있는데요. 예를 들어 개에게 제자리에서 한 바퀴 돌기를 가르치는 경우, 기존의 방법으로는 먼저 간식을 든 손으로 유도해 개를 돌게 만들고 성공하면 보상으로 주어 가르쳤었죠. 하지만 모방 학습은 사람이 개 앞에서 직접 돌고 나서 따라 하게끔 만듭니다. 이렇게 하면 기존의 방법보다 쉽게 가르칠 수 있다고 하네요.

참고로 모방 학습을 활용하면 개에게 문을 닫거나 빨래를 세탁기에 넣는 등의 행동도 가르칠 수 있다고 하니 반려견과 함께 집안일을 할 날도 머지않은 걸까요?

표정을 보면 알 수 있다고?

최근 이루어진 실험에 따르면 개는 사람의 웃는 얼굴과 화난 얼굴을 구분할 수 있다고 하는데요. 실험에서는 개들을 두 그룹으로 나누고 화면에 사람의 얼굴을 차례차례 띄운 뒤 첫 번째 그룹의 개는 웃는 얼굴이, 두 번째 그룹의 개는 화난 얼굴이 나오면 코로 터치해서 대답하게 했습니다. 그 결과 두 그룹 모두 높은 정답률을 보였죠. 그런데 재미있는 점은 B그룹의 실험에 세 배 가까운 시간이 걸렸다는 거예요. 개도 화난 얼굴에는 가까이하고 싶지 않은 걸까요?

또 다른 실험에서는 개들이 사람의 얼굴을 볼 때 보통 왼쪽을 잘 보는 것으로 나타났습니다. 이는 'Left Gaze Bias(왼쪽을 응시하는 경향)'라는 것으로 사람에게도 나타나는 현상인데요. 대상을 마주 봤을 때 왼쪽의 시야는 우뇌에서 처리되는데, 얼굴의 표정과 특징을 판별하는 것이 주로 우뇌이기 때문에 왼쪽에 초점을 맞추는 버릇이 나오기 쉬운 것이죠.

참고로 개가 사람이 아닌 다른 개의 얼굴을 볼 때는 'Left Gaze Bias'가 그다지 일어나지 않는다고 해요. 아마도 냄새나 꼬리와 같이 굳이 얼굴에 집중하지 않아도 상대를 파악할 수 있는 요소가 많기 때문이겠죠. 하지만 사람에게는 그러한 것들이 없으니 표정을 읽는 데 집중하는 게 아닐까요.

잃어버린 물건을 찾아 주는 이유

　영국의 한 대학에서 이런 실험을 했습니다. 먼저 사람 A가 의자에 앉아 메모장을 쓰는 모습을 개에게 보여준 뒤 그것을 의자에 올려놓고 나가면 사람 B가 들어와 놓여 있는 메모장을 방에 있는 세 개의 상자 중 하나에 숨깁니다. 그 후 다시 A가 방에 들어와 메모장을 찾습니다.

　그러자 대부분의 개는 메모장이 들어 있는 상자와 A를 번갈아 보았다고 합니다. 우리는 이 결과를 통해 개가 A가 메모장을 찾고 있다는 것을 이해하고 메모장은 저 상자에 들어 있다는 정보를 알려주려고 한다는 것을 추측할 수 있어요.

　메모장은 개가 먹을 수도, 가지고 놀 수도 없습니다. 다시 말해 개에게 아무런 의미도 없는 물건이라는 거죠. 그럼에도 저 사람에게는 중요한 물건이라 판단하고 찾아 주려 하는 것은 어쩌면 개에게 남을 돕고자 하는 마음이 있다는 증거가 아닐까요?

댕댕이 짤막 상식　　**개는 왜 보호자의 얼굴을 핥을까?**

- 보호자를 사랑하는 마음에 하는 애정표현이에요.
- 반가운 마음을 표현하거나 관심이 필요할 때 나 좀 봐줘! 하는 의미예요.
- 보호자에게서 맛있는 냄새가 날 때 입 주위를 핥으면서 나도 배고파! 하고 말하는 거예요.

내 스트레스를 너도 느끼는 걸까

　반려견을 위해서라도 스트레스를 줄일 필요가 있겠습니다. 스웨덴 린셰핑 대학의 연구진들이 반려견과 보호자들을 대상으로 스트레스 호르몬인 코르티솔이 모발에 축적되는 것을 이용해 지난 몇 달 동안의 스트레스 변화를 조사한 결과 보호자의 코르티솔 농도가 높아지면 반려견의 코르티솔 농도도 높아지고, 보호자의 코르티솔 농도가 낮아지면 반려견의 것도 낮아지는 것을 확인했다고 해요. 즉 보호자가 받는 스트레스가 개에게도 반영된다는 것이죠. 다만 개의 스트레스는 보호자의 스트레스에 별 영향을 주지 않았다고 합니다. 연구진들의 설명에 따르면 반려견의 삶에서 보호자가 차지하는 비중이 보호자의 삶에 반려견이 차지하는 비중보다 훨씬 더 크기 때문이라고 하네요.

　참고로 반려견이 받은 스트레스에 가장 많은 영향을 미친 요소는 보호자의 성격이라고 하는데요. 뜻밖에도 우울하거나 불안해하는 성향이 높은 보호자일수록 오히려 반려견과의 유대가 깊어 결과적으로 반려견이 장기적으로 받는 스트레스는 적었다고 합니다.

알려주개
몸짓으로 말하는 <개가 스트레스 받을 때>

긴장한 상태가 돼요

숨을 헐떡여요

몸을 세게 긁어요

같은 곳을 빙빙 돌아요

짖거나 　　　　거부해요

4

알아두면 쓸모있는 신기한 「개」 잡학사전

개의 성격은 이것으로 알 수 있다

귀 처짐의 여부에 따라 개의 성격이 나뉜다는 사실, 알고 있나요? 귀가 서 있는 개 8종과 귀가 처진 개 10종의 온순함을 10점 만점으로 평가한 결과 귀가 선 개는 평균 6점, 귀가 처진 개는 7.9점을 받았다고 해요. 또 56개의 견종을 대상으로 실시한 조사에서 셰퍼드처럼 귀가 바짝 서 있는 개는 공격적이면서도 사람에게 잘 복종하는 경향이 있는 것으로 나타났습니다.

귀 처짐의 여부가 기준이 되는 이유는 개의 진화 과정을 알면 바로 이해할 수 있는데요. 개의 조상은 늑대의 일종으로 이때는 모두 귀가 서 있었지만, 개로 진화한 뒤 가축화가 진행되면서 돌연변이로 처진 귀가 나타난 것이라고 해요. 따라서 귀가 선 개는 성격이 조상인 늑대의 기질에 더 가깝고, 귀가 처진 개는 사람이 좀 더 기르기 쉬운, 사람과 잘 어울릴 수 있는 성향을 지녔다고 볼 수 있죠. 다시 말해 예외는 있겠지만 기본적으로 귀가 서 있는 개는 사람에게 살가운 편은 아니며, 반대로 귀가 처진 개는 온순하면서 친화적인 성격이랍니다.

왼쪽 얼굴의 비밀

우르르 쾅쾅하고 번개가 칠 때면 구석으로 숨거나 몸을 떠는 등 이를 무서워하는 개들이 많죠. 이처럼 공포나 불안을 느낄 때 개가 받는 스트레스는 상당할 거예요.

한 실험을 통해 개는 천둥소리를 들을 때 왼쪽 귀를 우선적으로 사용하는 것이 밝혀졌는데요. 개의 양쪽에 스피커를 놓고 동시에 천둥소리를 내보내면 왼쪽으로 고개를 돌리는 경우가 많았던 것이죠. 왼쪽 귀와 이어져 있는 것은 우뇌이니 천둥소리는 우뇌에서 처리한다는 뜻이 됩니다.

개의 기분이 긍정적일 때는 좌뇌가, 부정적일 때는 우뇌가 활성화되는데 이는 정보를 처리할 때도 마찬가지라고 해요. 즉 긍정적인 정보는 좌뇌에서, 부정적인 정보는 우뇌에서 처리하는 것이죠. 무서워하는 천둥소리를 들을 땐 부정적인 기분이 되니 고개를 왼쪽으로 돌리게 되는 거랍니다. 그 밖에도 사람의 공포에 질린 비명소리나 울음소리에는 왼쪽 귀를, 웃음소리에는 오른쪽 귀를 우선적으로 사용하는 경향이 나타났다고 하는데요. 앞으로는 반려견의 얼굴 방향도 신경 쓸 필요가 있겠어요.

얼굴을 왼쪽으로 돌리면 두려움을 느끼는 거예요.

개에게 꾀병이란

가끔 개가 꾀병을 부리고 있는 것 같을 때가 있는데요. 멀쩡하게 돌아다니다가도 보호자가 다가오면 갑자기 아픈 듯한 행동을 하는 거죠. 개가 꾀병을 부리는 데는 여러 가지 이유가 있는데, 그중 과거에 다치거나 병에 걸려 극진한 간호를 받은 경험이 있는 개의 경우 이렇게 하면 나에게 신경 써줬다는 것을 기억해요. 그래서 보호자가 보는 앞에서만 다리를 끌거나 보호자가 외출하려고만 하면 갑자기 기침을 시작하는 등의 꾀병을 부리는 것이랍니다. 그 영리함에 놀랐다가도 어이가 없어서 웃게 되죠.

하지만 꾀병 부리는 모습이 귀엽다고 받아주게 되면 그 정도가 점점 심해질 수 있으므로 버릇이 되기 전에 고쳐주는 것이 좋습니다. 따라서 반려견이 꾀병을 부리는 것 같을 땐 최대한 무시하고, 그 외의 시간에 같이 놀아주거나 쓰다듬어주는 등 관심을 쏟아주세요.

한편 이외에도 개의 꾀병에는 간식과 같은 보상을 바라거나, 오히려 자신에게 다가오는 것을 피하고 싶은 회피의 이유도 있다고 합니다.

개도 질투를 한다

개도 질투를 느끼는지 알아보기 위한 해외의 실험에서는 보호자가 반려견의 눈앞에서 강아지 인형과 놀거나, 특정 물건을 만지거나, 책을 큰소리로 읽는 동안 개의 반응을 각각 관찰했어요. 그 결과 물건을 만지거나 책을 읽을 때는 거의 반응이 없었지만 강아지 인형과 노는 모습을 보여줄 때는 다양한 행동이 나타났는데요. 그중 약 80%는 보호자 앞에서 안절부절못했고, 3분의 1은 보호자와 인형 사이에 끼어들었으며, 4분의 1은 인형을 공격했습니다. 실험에 참여한 개의 대부분이 강아지 인형의 엉덩이 냄새를 맡은 것을 보면 인형을 실제 개라고 생각해 행동한 것이겠죠. 그렇다면 이 개들은 질투에 가까운 감정을 느꼈다고 볼 수 있겠네요.

또 다른 실험에서는 보호자가 강아지 인형에게 간식을 주는 모습을 반려견에게 보여주자 뇌에서 공포와 불안에 반응하는 부분이 활성화되었는데요. 이는 사람이 질투를 느낄 때도 활성화되는 곳이라고 해요. 인간 아기도 생후 반년 정도가 지나면 질투를 한다고 하는데 사람으로 치면 2~3세 정도의 지능을 가지고 있다는 개가 질투를 느껴도 이상할 게 없겠죠.

출산과 육아의 상관관계

　기록에 따르면 개는 평균 5.4마리를 출산한다고 하는데요. 그중에는 무려 한 번에 24마리의 새끼를 낳은 개도 있었다고 해요. 개의 젖꼭지가 8개라고 하는데 9마리 이상, 최대 24마리의 새끼를 낳았다면 어미개 혼자 제대로 된 양육이 가능할까요?

　최근 발표된 조사에 따르면 어미가 새끼를 핥거나 젖을 물리는 등의 양육 행동은 출산한 새끼의 수가 많을수록 줄어든다고 해요. 참고로 양육 행동을 많이 받은 강아지는 적게 받은 강아지보다 사회성이 좋고 용감한 개로 자란다고 합니다.

　이는 다른 조사에서도 확인된 결과로, 살뜰히 돌보는 어미 밑에서 자란 쥐는 그렇지 않은 어미 밑에서 자란 쥐보다 정서적으로 안정되어 있었다고 합니다. 또, 어미와의 접촉이 없었던 원숭이는 겁이 많고 공격적으로 자랐다고 하고요. 이는 곧 어미가 얼마나 잘 돌보는가에 따라 새끼의 정서가 달라진다는 뜻이겠죠. 아무래도 반려견이 다산(多産)을 한다면 보호자와의 공동육아가 필요할 것 같네요.

개의 친화력은 유전자의 힘?

최근 발표된 해외의 실험에서는 똑같이 어릴 때부터 사람에게 길러진 상태의 늑대와 개를 비교한 결과 늑대는 개에 비해 사람을 쳐다보거나 사람에게 의지하는 경우가 적다는 사실을 알아냈습니다. 이는 환경의 차이가 아니라 종의 특성이었던 거죠. 개의 조상이 늑대의 일종이라고는 하지만 늑대의 행동을 그대로 개에게 적용할 수는 없는 이유가 여기에 있어요.

또 연구팀은 늑대와 개의 유전자를 분석해 개가 사람을 따르는 이유가 한 유전자의 변이 때문일지도 모른다는 것을 밝혀냈는데요. 흥미롭게도 이 유전자의 변이는 인간의 유전자 질환인 '윌리엄스증후군(Williams Syndrome)'에서도 발견된다고 해요.

염색체 이상으로 발생하는 희귀유전병인 윌리엄스증후군 환자들은 그 증상으로 마치 요정 같은 외모를 보이는데, 특히 낯선 사람을 두려워하지 않고 사교성이 뛰어나서 누구와도 친하게 지낼 수 있다고 합니다. 그렇다면 이런 변화가 개의 진화과정에서도 일어나 사람을 좋아하고 따르는 지금의 모습이 된 걸지도 모르겠네요.

강아지의 귀여움은 계획됐다

어린 강아지는 누구든 무장해제시킬 수 있는 극강의 귀여움을 자랑하죠. 혹시 이토록 귀엽게 태어나는 데에도 어떤 이유가 있는 걸까요? 최근 해외에서 진행한 실험에서 나이가 다른 강아지들의 사진을 보여주고 각각의 매력을 평가해 보라고 하자 생후 6~8주의 강아지가 가장 높은 점수를 받았다고 하는데요. 연구팀은 이를 토대로 강아지가 귀여운 것은 인간의 보살핌을 받기 위한 생존 전략이라는 가설을 세웠습니다.

강아지는 생후 6~11주면 젖을 떼고 어미의 곁을 떠나는 시기를 맞이하는데, 운 좋게 사람에게 입양된 강아지는 살아남을 수 있지만 나머지는 여러 가지 원인으로 사망할 가능성이 크다고 해요. 그렇다면 이 시기의 강아지는 인간의 보호를 받기 위해, 즉 생존하기 위해 가장 귀여워진다는 결론이 도출되는 것이죠. 철저히 계획된(?) 귀여움이라고 해야 할까요?

꽃이 아름다운 것은 벌레를 유혹해 꽃가루를 옮기게 만들기 위해서입니다. 또한 수컷 공작새가 아름다운 것은 암컷의 선택을 받기 위해서죠. 어쩌면 강아지가 귀여운 것도 인간과 함께하기 위한 하나의 전략일지 몰라요.

개도 자기장을 감지할 수 있다?

개들이 배변하기 위해 냄새를 맡거나 이리저리 움직이다가 자세를 취하는 모습을 여러 번 본 적이 있을 거예요. 아무 이유도 없을 것 같던 이 행동에도 과학적 근거가 있다고 하는데요.

발표된 연구 결과에 따르면 개는 배설할 때 남북 자전축에 몸을 맞추는 경우가 많다고 합니다. 체코와 독일 연구팀이 2년 동안 개의 배설을 총 7,475번 관찰한 끝에 높은 확률로 배설할 때 남쪽이나 북쪽 중 한 곳을 본다는 사실을 알아낸 것이죠. 이후 이스라엘 연구팀이 검증에 나섰는데 역시나 같은 결과를 얻었다고 해요. 또한 개가 배변하기 전에 빙글빙글 도는 것은 나침반처럼 자전축을 찾기 위한 행동이라고도 하네요.

새나 벌레가 자기장을 감지한다는 사실은 예전부터 알려져 있었지만 개도 그런 능력이 있을지 모른다는 것은 새로운 발견이에요. 개는 시각적인 단서가 없어도 숨겨진 자석을 찾을 수 있다는 실험 결과나, 자기장을 감지하는 단백질이 눈의 세포 안에 있는 것 같다는 주장도 이를 뒷받침하죠. 하지만 왜 자전축에 맞춰 배설하고 싶어 하는지는 여전히 수수께끼로 남아 있어요. 자전축에 몸을 맞추면 마음이 편안해지기라도 하는 걸까요?

아무리 급해도 자전축은 맞춰야지

수컷에겐 없고 암컷에겐 있는 것

　미국 의학연구소에서 근무하는 파벨 오스틴 교수는 암컷과 수컷의 뇌를 비교하는 연구를 위해 살아 있는 상태로 뇌의 입체 지도를 만들 수 있는 최신장치로 쥐의 뇌를 살펴보았는데요. 그가 발견한 내용은 다음과 같습니다.

① 뇌의 크기 자체는 수컷이 더 크다.
② 뇌는 약 600개의 영역으로 나뉘어 있고, 그중 590개는 암컷과 수컷 모두 공통적으로 가지고 있다.
③ 생식 및 육아와 관련된 11가지 영역에서 암컷과 수컷의 차이가 나타났다.
④ 그 11가지 중 10가지 영역에서 수컷보다 암컷이 뉴런의 수가 많았다.
⑤ 수컷이 유일하게 뛰어났던 부분은 성욕 영역뿐이었다.

　덧붙여 파벨 교수는 이 결과가 인간을 포함한 포유류 전체에 해당하는 것으로 볼 수 있다고 설명했는데요. 생식 및 육아와 관련된 영역에서 암컷이 더 우수한 건 아마도 기본적으로 육아를 담당하고 있고, 따라서 새끼를 위험으로부터 보호하고 혼자 먹이를 구할 수 있을 때까지 기르기 위해선 현명함이 필수이기 때문 아닐까요?

개도 음악을 즐긴다

흔히 사람을 차분하게 만들어준다는 클래식은 개를 포함해 많은 동물에게도 안정감을 주는 것으로 알려져 있는데요. 하지만 최근 스코틀랜드의 한 동물수용시설에 있는 개들을 대상으로 5가지 장르의 음악을 들려준 뒤 심박수를 측정한 결과 의외로 레게나 팝에 가까운 소프트 락을 들었을 때 심박수와 스트레스 수치가 가장 낮아졌다고 해요. 개들은 사실 경쾌한 음악을 더 좋아했던 걸까요?

다만 연구진은 개마다 장르에 대한 반응이 달랐기 때문에 개도 사람처럼 각자의 취향이 있을 가능성도 제시했습니다.

참고로 개들은 장르에 상관없이 음악을 들려줬을 때 평상시보다 훨씬 오랫동안 편안히 누워있었다고 하네요.

우리도 즐길 줄 안다고요.

댕댕이 짤막상식

개가 좋아하는 냄새와 싫어하는 냄새

🐾 **좋아하는 냄새**
- 배설물 냄새
- 땀냄새나 발냄새와 같은 체취
- 고기 냄새

🐾 **싫어하는 냄새**
- 식초 냄새
- 알코올 냄새
- 매니큐어나 독한 향수 냄새
- 나프탈렌류 냄새
- 담배 냄새

낙천적이거나 비관적이거나

개의 성격을 알아보는 간단한 실험이 있는데요. 먼저 개에게 오른쪽으로 몇 미터 떨어진 곳에 놓은 접시에는 간식이 있고, 왼쪽에 놓은 접시에는 간식이 없다는 것을 기억하게 합니다. 개는 당연히 오른쪽 접시로는 신나서 달려가고 왼쪽 접시로는 느릿느릿 다가가거나 아예 가지 않는 경우도 생길 거예요.

그 후, 오른쪽도 왼쪽도 아닌 중간에 접시를 놓았을 때 개가 접시로 달려가면 낙천적(간식이 있다고 기대한다.)이고, 접시로 다가가지 않거나 느리게 다가가면 비관적(간식이 없다고 생각한다.)이라고 보는 것입니다.

이러한 사고방식의 차이는 보호자가 집을 비울 때의 행동에서도 나타나는데요. 낙천적인 개는 보호자가 금방 돌아올 것이라 믿고 차분하게 기다리지만, 비관적인 개는 보호자가 이대로 영영 돌아오지 않으면 어쩌나 하면서 짖거나 물건을 부수는 등의 분리불안 증세를 자주 보이죠.

하지만 그렇다고 비관적인 개가 나쁘다는 건 아니에요. 지나치지만 않으면 비관적인 성격이라도 신중하고 성실하다는 장점이 있으니까요. 이러한 성격이 도움이 되는 순간이 분명 있답니다.

단두종, 무섭지만 착한 친구

퍼그나 프렌치 불독 같이 코가 납작하게 눌린 단두종은 원래 투견으로 만들어진 견종입니다. 따라서 상대를 물어뜯는 억센 턱과, 문 상태에서도 숨을 쉴 수 있게 납작한 코를 가지도록 개량한 외모가 오늘에까지 이르렀죠. 과거 성격은 투견답게 공격적이고 겁이 없었어요.

하지만 19세기에 유럽에서 투견 경기가 불법으로 바뀐 것을 계기로 더는 투견이 아닌 반려견으로 길러지면서 성격이 온순하게 변해갔습니다. 그리고 현대의 대형 단두종은 모르는 사람에게도 우호적이고 애정이 깊은 특성을 보인다고 하네요. 무섭게 생긴 외모와 달리 반전 매력이 있지요.

참고로 단두종의 후각은 코와 주둥이가 짧은 만큼 냄새를 포착하는 코의 내부가 좁기 때문에 일반적인 개의 평균보다 떨어진다고 해요. 따라서 뛰어난 후각이 필요한 특수견에는 아쉽게도 어울리지 않는답니다.

댕댕이 짤막 상식

반려견 이 닦기

- 양치질은 최소 일주일에 한 번은 해주어야 하며, 치약은 반드시 반려견 전용 제품으로 구매한 뒤 양치질하기 전에 조금씩 맛보게 하여 익숙해지도록 해주세요. 또한 반복된 보상을 통해 머리를 만지거나 입안에 손가락을 넣는 일에도 불편하지 않도록 합니다.
- 칫솔질은 가능한 짧게 하고 양치질이 끝나면 바로 간식으로 보상을 해주어 기분 좋은 일로 받아들일 수 있도록 해주세요.

'잡종강세'

　서로 다른 종이나 품종끼리 교배할 때 부모보다 우수한 자손이 태어나기 쉽다는 뜻으로 '잡종강세(Heterosis)'라는 말이 있는데요. 부모가 유전적으로 가까우면 자식도 부모와 비슷한 수준의 장점밖에 갖지 못해요. 게다가 부모에게 공통적인 열성유전자가 있으면 자식이 유전병에 걸리기 쉽다는 단점도 있고요. 하지만 부모가 유전적으로 멀면 각기 다른 특성을 가지고 있어서 자식은 많은 장점을 가질 가능성이 있는 것이죠.

　그렇다면 실제로도 순종보다 잡종이 더 건강할까요? 한 통계에 따르면 소형 잡종견의 평균 수명은 14.3세, 중형 잡종견은 13.9세라고 하는데요. 순종을 포함한 전체 평균이 13.7세이니 잡종이 조금 더 오래 산다고 할 수 있겠네요.

　한편 유전병에 대해 10만 마리 이상의 유전자 분석을 시행한 결과 순종이나 잡종이나 위험도는 비슷하게 나타났다고 합니다. 잡종이 순종보다 조금 더 건강하다고 볼 순 있겠지만 유전병에서 안전한 건 아니었나 봐요.

잡종이 조금 더 오래 산대요.
그치만 순종도 제대로 된 출신이라면 문제없어요!

개의 성격은 타고난 걸까 만들어지는 걸까

개들은 저마다 다른 성격을 가지고 있죠. 개의 성격은 보통 유전적으로 타고난 것과 보호자를 비롯한 주변 환경의 영향에 의해 만들어진 것으로 형성된다고 하는데요. 이 중 '모르는 사람에 대한 공격성'이나 '훈련 용이성', '추적 본능' 등은 타고난 것일 가능성이 크다고 해요.

해외에서 101가지 견종, 14,000마리가 넘는 개를 조사한 결과 어떠한 성격적 특성을 형성하는 유전자형이 발견되었다고 합니다. 예를 들어 래브라도 리트리버의 온순함, 시베리안 허스키의 강한 추적 본능, 골든 리트리버의 훈련 용이성 등은 유전자로 결정된다는 거죠. 이는 개체마다 약간의 차이만 있을 뿐 대부분 같았다고 하네요. 만약 한집에 사는 혈육이라면 환경도 같으니 이외의 부분까지 서로 더욱 닮아가겠죠?

개에게는 노즈워크(Nose Work)가 필요하다

노즈워크(Nose Work)란 냄새를 맡아 사냥을 하는 행동을 말합니다. 많은 것을 후각에 의지하는 개에게 냄새를 맡는 일은 매우 중요함에도 현대의 반려견들은 사냥할 필요가 없어 좀처럼 후각을 활발하게 쓰지 못해요. 따라서 간단하게는 간식을 종이에 싸서 찾게 하는 등의 방법을 이용해 노즈워크를 할 수 있도록 해주어야 하는데요. 노즈워크는 본능적으로 냄새를 맡고자 하는 욕구를 해소해 스트레스를 줄여줄 뿐만 아니라 후각 활동에 집중하게 만들어 분리불안에도 효과가 있다고 합니다.

개와 동정심

개에게도 동정심이 있을까요? 실험에 따르면 개 앞에 자신은 받지 못하지만 옆에 있는 개에게는 간식을 주는 장치를 설치했을 때, 특히 옆에 있는 개와 아는 사이라면 간식을 주는 경우가 많았다고 합니다.

또한 개는 다른 개가 우는 소리를 들으면 스트레스를 받을 때 나오는 코르티솔의 분비가 증가한다고 해요. 이와 더불어 그 개의 곁으로 가서 핥아 주는 등 위로하는 행동도 많이 보이는데, 이 역시 처음 보는 개보다 친한 개일 때 뚜렷하게 나타난다고 하네요.

낑낑거리는 울음소리는 원래 강아지가 어미에게 어리광을 부릴 때 내는 소리예요. 그래서 이런 소리를 들으면 돌봐주고 싶은 모성애 같은 것이 생기는 걸지도 모르죠. 하지만 단순히 보면 개는 다른 개의 슬픔에 공감하고 동정한다고 할 수 있어요. 실제로 개가 다른 개를 오직 선의에서 도와준 사례도 이루 헤아리기 힘들 정도로 많으니까요.

우리도 연민을 느껴요. 친한 사이라면 더더욱요.

개 친함

개에게도 찾아오는 질풍노도의 시기

반려견이 어느 날 갑자기 보호자의 말을 듣지 않고 반항하거나 말썽을 부릴 때가 있죠. 도저히 왜 그러는지 이유를 알 수 없다면 아마 질풍노도의 사춘기가 온 걸지도 몰라요.

영국 뉴캐슬대 연구진은 최근 개도 청소년기에 보호자의 지시를 잘 따르지 않는 경향이 있다고 밝혔습니다. 생후 5개월 된 강아지 82마리와 생후 8개월 된 강아지 80마리에게 각각 '앉아'를 시켜본 결과 5개월 된 강아지가 8개월 된 강아지보다 2배 정도 '앉아'를 무시했다고 해요.

흥미로운 것은 이뿐만이 아니라 이 시기에 낯선 사람을 따르는 경향은 오히려 증가했다는 점인데요. 보호자와의 유대감이 불안정하면 존재감을 드러내기 위해 말썽을 피우는 것일 수도 있다고 하니 겉으로는 반항하면서도 사실 속으로는 보호자의 관심과 애정을 원하고 있는 게 아닐까요? 사람과 마찬가지로요.

하지만 그렇다고 무조건 받아주게 되면 반려견의 사춘기가 생각보다 길어질 수 있으니 밥을 안 먹으려 하거나 보호자를 무는 행동 등에는 단호하게 대처하는 것이 좋답니다.

번식을 위한 전략

굶을 걱정이 없는 풍족한 환경이라면 수컷을 낳는 게 이득이라는 얘기가 있습니다. 잘 먹고 자란 수컷은 몸집이 크고 힘이 세 암컷에게 인기가 많고, 따라서 더 많은 자손을 남길 수 있기 때문이죠. 그러나 풍족하지 않은 환경에서는 암컷을 낳는 게 나을지도 몰라요. 몸집이 작고 약한 수컷은 짝짓기를 하지 못해 자손을 남기지 못할 수 있으니까요. 암컷은 상대만 있다면 새끼를 직접 낳을 수 있으니 수는 많지 않아도 확실하게 자손을 남길 수 있는 안전한 선택일 겁니다.

이런 현상은 붉은사슴 무리에서 이미 확인되었는데요. 이 사슴은 무리 내에 서열이 있어서 서열이 높은 암컷이 주변에 풀이 무성한 좋은 자리를 확보해요. 그리고 그 결과 서열이 높은 암컷은 아들을, 서열이 낮은 암컷은 딸을 많이 낳는다고 하네요. 아무래도 새끼의 성별을 결정짓는 원인 중에는 주변 환경의 조건도 포함되는 것 같죠?

풍족한 환경에서 더 많은 자손을 남기기 위한 전략이죠.

귀여움을 유지하는 개의 비결

개는 강아지일 때만큼은 아니지만 성견이 되어서도 여전히 귀여운 모습이죠. 사실 야생 포유류 중에 새끼 때의 귀여운 모습이 남아 있는 채로 자라는 종은 없습니다. 예를 들어 같은 개과인 늑대나 여우는 새끼일 때는 강아지라고 착각할 만큼 귀엽지만 성장할수록 이목구비가 날렵해지고 야성적으로 변하죠.

개와 같이 어렸을 때의 모습을 유지한 채 성체가 되는 현상을 네오테니(유형성숙, Neoteny)라고 하는데, 이는 가축화된, 즉 인간에게 길러지는 동물에게서 많이 나타난다고 해요. 또한 네오테니는 겉모습뿐만 아니라 정신이나 감정, 행동 등 모든 측면에서 일어나기 때문에 성체인 개가 여전히 아이처럼 호기심 많고 놀이를 좋아하는 것도 하나의 특징이라고 합니다.

참고로 사람에게도 네오테니가 일어난다고 하는데요. 인간이 다양한 문화와 과학을 발달시킨 것은 어렸을 적 호기심을 계속 유지해온 네오테니의 결과라고도 할 수 있어요.

알려주개

몸짓으로 말하는 <개가 행복할 때>

반가워~!

저건 뭘까?

놀자~ ♡

기분 좋아!

편안해

놀 준비 완료!

5

언제까지나 너와 함께

언제나 반갑게 맞아줘요

하루만이든, 한 달만이든, 아주 잠깐 사이든 반려견은 항상 집에 들어오는 보호자를 요란하게도 반겨줍니다. 물론 이것은 기분 좋은 일이지만 가끔은 날 왜 이렇게까지 반겨주는 건지 궁금할 때가 있죠.

한 신경과학자가 개의 뇌를 MRI로 촬영한 결과 개가 보호자의 냄새를 맡거나 사진을 보았을 때의 반응은 사람이 좋아하는 누군가를 보았을 때와 비슷했다고 해요. 다시 말해 개는 보호자를 정말로 좋아하기 때문에 언제든 돌아오면 반긴다는 것이죠. 참고로 개가 보호자와 재회할 때는 행복 호르몬인 옥시토신도 상승했습니다.

또한 심리학자 마리의 실험 결과에 따르면 개가 보호자와 떨어져 있다가 재회했을 때의 반응이 마치 부모자식간의 경우와 같았다고 하는데요. 이는 개가 보호자를 가족처럼 여기고 있다는 것을 말해 줍니다. 그러니 혼자 남겨진 상황에서 보호자가 돌아왔다는 것은 개들에게 최고의 안도이자 보상일 수밖에 없겠죠?

제 곁에 있어 주시는 것 자체가 보상이에요.

내가 싫은 건 개도 싫대요

앞서 개에게는 타인의 행동과 표정을 판단의 근거로 삼는 사회적 참조가 보호자를 대상으로도 일어난다고 설명했는데요. 보호자가 낯선 대상을 어떻게 대하느냐에 따라 개도 태도를 바꾼다고 말이죠. 이것은 그 낯선 대상이 사람이라도 마찬가지예요.

한 실험에 따르면 보호자가 꺼리는 사람은 반려견도 좀처럼 다가가려 하지 않는 것으로 밝혀졌습니다. 또 이와 비슷한 실험에서도 개는 곤란해하는 보호자를 도와주었던 사람과 도와주지 않았던 사람 중에서 도와주었던 사람의 간식을 받아먹었다고 하네요. 반려견들은 단순히 옆에만 있는 게 아니라 보호자가 타인과 어떻게 교류하는지, 혹은 상대방이 보호자를 어떻게 대하는지를 전부 관찰하고 스스로 판단했던 거예요.

앞서 보호자가 받는 스트레스는 반려견에게도 전달된다고 했었죠. 그렇다면 싫어하는 사람을 만났을 때 받는 보호자의 스트레스를 옆에 있는 개도 느낄 테니 이 사람은 가까이하면 안 되겠다고 생각하는 게 당연할지도 몰라요.

교육할 땐 칭찬을 해주세요

실험에 따르면 혼나가면서 교육을 받은 개는 많은 스트레스와 함께 보호자를 신뢰하지 않게 될 뿐만 아니라 비관적이거나 공격적으로 변한다고 해요. 따라서 반려견을 교육할 땐 절대 체벌이 아닌 칭찬과 같은 보상으로 이루어져야 합니다. 보호자는 반려견과의 신뢰가 무엇보다도 중요하니까요.

참고로 '칭찬'이라고 해서 무조건 쓰다듬어주는 것은 옳지 않아요. 쓰다듬는 행동을 싫어하는 개도 분명히 있기 때문이죠. 따라서 보호자는 자신의 반려견이 무엇을 해주었을 때 가장 기뻐하는지를 자세히 관찰하며 기록해보는 것도 필요하답니다.

칭찬은 고래만 춤추게 하는 게 아니라구요.

댕댕이 짤막상식 — 반려견의 사회화

사회화란 낯선 환경이나 대상, 외부 자극 등에 공격적이거나 예민하게 반응하지 않고 긍정적으로 받아들일 수 있도록 다양한 경험을 시켜주는 것을 말하며, 일반적으로 생후 3주부터 사회화기가 시작되는데요, 이때 사회화가 제대로 이루어지지 않으면 다른 사람이나 개를 만났을 때 두려움과 경계심이 앞서 크게 짖거나 공격성을 드러내게 되고 작은 자극에도 여러 가지 문제행동을 일으켜 일상생활에 지장을 초래할 수 있기 때문에 심하면 파양이나 유기의 원인이 되기도 합니다.

널 깨물어버릴 거야

흔히 정말 귀여운 걸 보면 '깨물고 싶다'라는 표현을 쓰죠? 이렇듯 아기나 강아지 등을 보았을 때 있는 힘껏 꽉 안아 주고 싶거나 깨물어 주고 싶은 충동을 'Cute Aggression(귀여운 공격성)'이라고 해요.

갓난아기나 강아지 등을 귀엽다고 느끼는 이유는 '베이비 스키마(Baby Schema)' 때문인데요. 베이비 스키마란 큰 눈동자와 넓은 이마, 둥근 얼굴, 머리와 몸의 짧은 비율 등 어린 생물이 공통적으로 가진 특징으로, 이것을 보면 어른들은 본능적으로 보호해주고 싶은 마음이 든다고 하네요.

미국의 연구진들은 실험을 통해 좀 더 부각된 베이비 스키마를 가진 동물을 봤을 때 공격성이 솟구친다는 것을 밝혀내면서 이러한 공격성은 '폭주하는 뇌를 조절하기 위한 기능'이라고 주장합니다. 귀여움에서 헤어나오지 못하면 제대로 돌볼 수 없으니 공격성이라는 정반대의 감정을 일으켜 이성을 찾게 한다는 거죠. 사람의 마음이란 참 재밌지 않나요.

동시에 똑같은 행동을 해요

반려견을 키우다 보면 내가 하는 행동을 곁에 있는 반려견도 하고 있는 모습을 종종 발견하게 되는데요. 가장 흔한 예로 하품이 있죠. 이는 상대에게 공감한다는 증거로 유대를 쌓은 관계일수록 쉽게 옮는다고 하네요.

또 보호자의 생활 패턴에 맞춰 활동하는 반려견은 심장 박동수와 같은 자율신경계의 활동이 보호자와 비슷한 수치를 보인다고 해요. 그리고 함께 산 시간이 길수록 그 정확도는 더욱 높아진다고 합니다.

함께 한 시간이 많을수록 더 닮아간답니다!

댕댕이 짤막상식   개가 공격하는 이유

* 자신의 영역에 낯선 대상이 들어오면 침입자로 판단해 경계하고 위협하기 위해
* 사회화 시기에 다양한 경험을 하지 못한 경우 여러 예기치 못한 상황에 과도한 불안과 공포를 느껴서
* 아픈 부위를 만지려 하거나 건드렸을 때 통증을 느낀 경우 손대지 말라는 거부의 의미로
* 그 밖에 먹고 있는 것을 뺏으려 하거나 임신 중, 혹은 출산한 암컷에게 다가가려 할 때 등 자신의 것을 지키기 위해

개와 함께면 몸도 튼튼 마음도 튼튼

신체나이와 반려견의 상관관계를 분석하기 위해 해외에서 79세 이상 남녀 약 500명의 건강 상태와 운동량을 조사했는데요. 그 결과 실험 참가자 중 개를 키우는 50명의 신체운동능력이 나머지 참가자보다 월등히 높은 것으로 나타났습니다. 이뿐만 아니라 노화 속도도 최대 10년 정도 늦춰졌고, 노년기에 찾아오는 불안감이나 우울증도 보이지 않았다고 해요.

연구진은 오랜 기간 아침 일찍 일어나 반려견에게 먹이를 주고 산책을 시키면서 함께 운동하는 규칙적인 생활을 하다 보면 자연스럽게 신체활동이 활발해지면서 10년 가까이 젊어지는 효과를 본 것이라고 설명합니다. 이와 더불어 반려견과 정서적으로 교감하면서 불안이나 우울증이 발생할 확률도 감소한다고 하니 반려견을 기르면 젊음과 건강도 얻을 수 있었네요.

보이지 않아도 감정을 느껴요

앞서 개들은 사람의 표정을 보고 감정을 읽을 수 있다고 했는데요. 최근 개는 보호자의 얼굴을 보지 않고 땀 냄새만으로 감정을 읽을 수 있을지도 모른다는 실험 결과가 발표되었습니다.

실험에서는 무서운 영상을 본 참가자가 흘린 땀을 채취한 뒤 그것을 개에게 맡게 했는데요. 그 결과 개의 심장 박동수가 증가하는 한편 우왕좌왕하며 걷거나 울음소리를 내고, 입을 벌리고 거칠게 숨을 쉬며, 물을 마시거나 고개를 흔드는 등 스트레스와 관련이 있는 행동도 늘어났다고 해요. 반대로 행복한 영상을 본 참가자의 땀 냄새를 맡게 하면 개는 모르는 사람에게 접촉하는 경우가 늘어났다고 합니다. 개의 후각은 사람보다 100만 배는 더 좋다고 하는데, 혹시 땀 냄새 속의 어떤 성분을 통해 공포나 즐거움의 감정을 느낀 걸까요?

땀 냄새만 맡아도 그 사람의 감정이 느껴져요.

개한테 푸념하면 이상한가요?

내 반려견에게 한 번쯤은 푸념해본 경험, 다들 있지 않으신가요? 사람은 걱정거리가 있을 때 누군가에게 털어놓기만 해도 마음이 한결 가벼워지죠. 그 상대가 사람이 아닐지라도요. 오히려 말없이 들어만 주는 동물 쪽이 더 이야기하기 쉬울 수도 있어요.

기록에 따르면 특히 여성이나 어린아이들이 반려동물에게 푸념을 늘어놓는다고 하는데요. 여성의 경우 공포나 분노를 느꼈을 땐 연인에게, 침울해졌을 땐 반려동물에게 이야기하는 경우가 많다고 해요. 그리고 어린이의 경우 친한 사람을 잃거나 부모의 이혼, 혹은 투병 등의 괴로운 경험을 한 아이는 친구보다 반려동물과의 유대감이 특히 깊다고 하네요.

현재 해외에서는 아이가 개에게 책을 읽어주는 학습방법이 널리 퍼지고 있습니다. 틀려도 지적하지 않는 개에게는 독서나 공부를 어려워하거나 남들 앞에서 제대로 소리 내어 책을 읽지 못하는 아이도 즐겁게 읽어준다고 해요. 그리고 그것은 학습능력의 향상으로 이어지죠. 우리 곁의 반려동물들은 참 고마운 친구들이에요.

안아 주지는 못해도

　어느 실험에서 개에게 수다를 떠는 사람, 콧노래를 흥얼거리는 사람, 그리고 우는 사람을 보여주자 대부분이 우는 사람에게 다가가 코를 문지르거나 얼굴을 핥아 주었다고 하는데요. 그동안 개의 이런 행동은 단순히 상황을 파악하기 위한 것으로 여겨져 왔습니다만 이 추측이 맞으려면 다른 사람에게도 비슷하게 다가갔어야 합니다. 그렇지 않았다는 건 역시 개는 정말로 사람의 슬픔을 느끼고 위로해 주려 한다는 뜻일 거에요.

　참고로 개는 옆에 좋아하는 간식이나 장난감이 있어도 우는 사람에게 먼저 다가갔다고 해요. 개도 울고 있는 사람이 있으면 뭐가 됐든 일단 달래주고 싶은 걸까요?

댕댕이 잘막상식　　　개가 아프다는 신호

- 다리를 절뚝거리거나 똑바로 걷지 못한다.
- 무기력해지거나 밥을 잘 먹지 못한다.
- 지속적으로 구토 또는 설사를 하거나 볼일을 보는 데 어려움을 겪는다.
- 숨을 가쁘게 쉬거나 기침을 자주 하는 등 호흡이 불안정하다.
- 몸을 자꾸 긁거나 털이 과도하게 빠진다.

이별은 늘 괴로운 일이죠

사람의 뇌에서 타인과의 유대감을 형성하는 부분과 개와의 유대감을 형성하는 부분은 같다고 합니다. 다시 말해 사람에게 개는 사람과 동등한 존재라는 뜻이지요. 특히 여성에게는 자녀의 사진과 반려견의 사진을 보여주었을 때 뇌의 같은 부분이 활성화되었다고 하니 자식과 마찬가지기도 하고요.

이렇듯 가족처럼 사랑하는 존재의 죽음은 어떻게 괴롭지 않을 수 있을까요. 그 슬픔과 상실감은 이루 말하기 힘들 거예요. 많은 보호자가 반려동물을 떠나보낸 뒤 느끼는 우울감이나 상실감으로 '펫로스 증후군(Pet Loss Syndrome)'이라는 말까지 생겨날 정도니까요. 짧게는 1~2개월에서 길게는 몇 년까지도 지속된다고 하니 무엇보다도 잘 극복하는 게 중요할 것 같은데요. 여기 반려인 사이에서 유명한 이야기 한 가지를 소개해 드릴게요.

여섯 살 소년 셰인은 태어났을 때부터 함께했던 반려견이 눈을 감았을 때 부모님에게 이렇게 말했다고 합니다. "사람은 누구나 태어난 뒤에 사랑하는 법과 행복하게 살아가는 법을 배우잖아요? 하지만 개는 태어나기 전에 이미 그걸 다 알고 있어서 오래 살 필요가 없는 거예요."

개는 아무런 대가도 바라지 않고 우리에게 무한한 사랑을 주는 존재입니다. 그리고 그 사랑은 분명 이별 후에 겪을 아픔보다는 훨씬 더 클 거예요.

뭘 원하는지 알 것 같아요

　보호자들은 항상 반려견이 무슨 말을 하고 싶어 하는지 궁금해합니다. 하지만 말을 하지 못하는 개로서는 몸으로 표현할 수밖에 없겠죠. 따라서 우리는 개의 행동을 통해 그들의 언어를 이해해야 하는데요.

　영국 샐포드 대학의 연구팀이 37명의 보호자와 반려견의 일상을 관찰한 결과에 따르면 개는 보호자에게 자신의 의사를 표현하기 위해 적어도 19가지의 몸짓을 사용한다고 해요. 그중 가장 많이 요구하는 건 몸을 만져주거나 놀아달라는 것으로 대표적으로 발랑 누워 배를 보이면 배를 만져달라는 뜻, 앞발을 들고 뒷발로만 서서 쳐다보면 놀아달라는 뜻이라고 하네요. 이외에도 원하는 것이 있으면 여러 가지 행동을 통해 표현한다고 합니다. 그리고 만약 보호자가 바로 이해하지 못하면 일련의 동작을 계속해서 되풀이한다고 해요.

　다만 모든 개가 같은 몸짓으로 표현하는 것은 아닌데요. 예를 들어 몸을 긁어주길 바랄 때 어떤 개는 보호자의 다리에 코를 대고, 어떤 개는 몸을 뒤집어요. 또 여러 동작을 섞어서 하는 개도 많다고 합니다.

때론 구세주처럼 등장해요

　보호자의 어린 딸이 오토바이에 치일뻔하자 달려나가 목숨을 구한 개, 집에 들어온 강도에게 맞서 보호자를 구한 개, 등산하다가 추락한 보호자를 구하기 위해 먼 거리를 달려가 구조대를 데려온 개 등 반려견이 보호자를 위험한 상황에서 구해준 사연은 수도 없이 많죠. 우리는 이를 통해 개는 보호자의 위기 상황을 느끼고 구하려 한다고 추측해볼 수 있는데요.

　이에 대해 연구자들은 유리 너머에서 보호자가 잡혀가는 상황을 연출하고 개가 문을 밀어 열기까지의 행동을 관찰해보았습니다. 보호자의 연기는 두 가지 방식으로 진행되었는데, 우는 척하면서 다급하게 "도와주세요!" 하고 외치는 것과 콧노래를 부르며 "도와주세요!" 하고 말하는 것이었죠. 그러자 전자의 경우 개는 서둘러 문을 열었고, 후자의 경우에는 좀처럼 문을 열지 않았다고 합니다. 아무래도 개는 실제로 위기 상황일 때의 다급한 목소리를 구분해 낼 줄 아는 것 같죠?

개가 만들어주는 인연

개를 키우면 애인을 만들 수 있을까요? 다소 황당한 질문이라 생각할 수 있겠지만 실제로 개를 키우는 남녀 1,000명을 대상으로 한 설문 조사에 따르면 반려견 산책을 계기로 연애를 시작한 경우가 13%나 됐다고 하네요. 생각보다 많죠?

어느 연구에 의하면 개를 데리고 산책을 하는 사람이 혼자 산책하는 사람보다 모르는 사람과 더 쉽게, 더 많이 대화하게 된다고 하는데요. 그 이유는 옆에 있는 개가 데리고 다니는 사람에 대해 좋은 인상을 받게 하기 때문이라고 해요. 개와 함께 하는 모습에서 자연스럽게 친절할 것 같은, 혹은 다른 이를 잘 신경 써줄 것 같은 이미지를 떠올리는 것이죠. 여기에는 개가 호불호를 가리지 않고 거의 모든 사람이 좋아하는 동물이라는 점도 작용할 거예요. 혹시 상대방도 개를 좋아한다면 이를 주제로 자연스럽게 대화를 시작해보는 건 어떨까요?

사랑의 큐피트도 문제없어요.

눈을 맞추면 행복해요

　엄마와 아기가 서로 바라보면 행복 호르몬인 옥시토신이 분비된다는 사실은 예전부터 알려져 있었지만, 이런 현상이 사람과 개 사이에도 일어난다는 것이 최근 확인되었다고 해요.

　옥시토신은 처음 만나는 사람과 즐겁게 교류할 때 15~25%가 상승하고, 상대가 지인이라면 25~50%, 사랑하는 자녀나 연인이라면 50% 이상으로 늘어난다고 하는데요. 반려견 30마리를 대상으로 보호자와 30분간 서로 몸을 맞대고 눈을 맞춘 뒤 사람과 개의 소변을 각각 분석한 결과 개에게서는 옥시토신이 130%, 보호자에게서는 무려 300%나 상승했다고 합니다. 서로 바라보기만 해도 행복해진다니 개를 키우면 행복해진다는 말은 과학적으로도 증명된 사실이었네요.

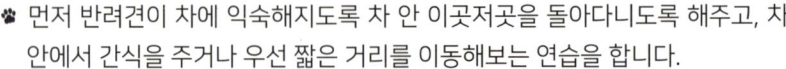

반려견과 차를 타고 외출하고자 할 때는

- 먼저 반려견이 차에 익숙해지도록 차 안 이곳저곳을 돌아다니도록 해주고, 차 안에서 간식을 주거나 우선 짧은 거리를 이동해보는 연습을 합니다.
- 반려견을 차에 태울 때는 반드시 반려견 전용 안전벨트나 카시트, 혹은 이동장을 준비하고 목에는 이름표를 달아 갑자기 뛰쳐나가는 등의 돌발상황에 대비합니다.
- 장시간 운전의 경우 반려견이 멀미를 느낄 수도 있으므로 태우기 직전에 먹이를 주는 것은 삼가고, 중간중간 차를 세워 반려견이 밖에서 휴식을 취할 수 있는 시간을 주어야 합니다.

누가 뭐래도 제겐 1순위예요

반려견을 키우는 가정이 계속해서 늘어나면서 개들에 대한 대우 또한 변화하고 있습니다. 사랑하는 가족의 일원이자 내 자식, 친구 혹은 형제로 받아들여지고 있는 것이죠. 이와 더불어 개를 위한 유치원, 호텔, 장례식장 등이 생겨날 만큼 사람과 동등한 대접을 받기도 하고요.

그만큼 보호자의 삶에서 반려견이 차지하는 부분이 크다고 할 수 있겠는데요. 하지만 이에 대해 유난이라는 반응도 적지 않습니다. 그래봤자 개는 동물일 뿐 사람이 될 수 없다고 말이죠. 과연 그럴까요? 반려인 1,000명에게 자신이 받은 충격의 정도를 10점 만점으로 나타내 보라고 하자 연인과의 이별로 인한 충격은 평균 8.8점, 반려견을 잃음으로써 받은 충격은 평균 9.1점이었다고 해요. 보호자들에게 반려견은 단순히 반려동물로서의 의미 그 이상의 소중한 존재랍니다.

댕댕이 짤막상식 — 나이든 반려견 케어하기

개의 노화는 보통 소형견의 경우 9세 이후, 대형견은 7세 이후부터 시작된다고 알려져 있는데요. 노년기에 접어든 개는 점점 쇠약해지면서 활동량이 줄어들고 잠자는 시간은 늘어납니다. 또한 털이 푸석푸석해지고 먹는 양이 줄어들며 눈과 귀가 나빠져요. 무엇보다 관절염, 당뇨, 치매 등 각종 질병에 걸릴 위험이 높아지기 때문에 나이든 반려견을 둔 보호자라면 반려견이 다치지 않도록 집안 환경을 바꿔주고, 노령견에게 맞는 사료와 함께 충분한 물을 섭취할 수 있도록 해주며, 상태에 따라 주기적으로 산책과 건강검진을 해야 합니다.

다이어트도 함께

영국의 조사에 따르면 비만인 보호자는 개를 갓난아기로 여기는 경향이 있어서 자신의 음식을 나눠주거나 애교를 부릴 때마다 간식을 주었다고 합니다. 따라서 보호자가 비만이면 반려견도 비만인 경우가 많다고 하는데요.

비만은 사람과 마찬가지로 개에게도 각종 질환을 유발하기 때문에 다이어트가 필수지만 자신의 몸무게도 조절하지 못하는 보호자에게 반려견의 다이어트를 맡기기란 여간 어려운 일이 아닐 거예요. 최근 해외에서 비만견 1,500마리를 대상으로 12주 동안 다이어트에 도전한 적이 있는데 약 40%의 보호자가 중도 하차했다고 하니까요. 이처럼 보호자가 의욕이 없으면 개는 언제까지고 살을 뺄 수 없어요. 반려견과 오랫동안 건강하게 살기 위해서라도 굳은 결심이 필요할 때랍니다.

참고로 비만견의 다이어트를 위해선 세 가지를 꼭 기억하세요. 사람이 먹다 남긴 음식은 절대 주지 말 것, 식사 시 정확히 계산된 만큼의 양만 줄 것, 그리고 운동량을 늘릴 것!

알려주개
개와 비만

비만의 원인은 다양해요

　단순히 밥이나 간식을 지나치게 많이 먹거나 운동부족으로 살이 찌는 경우도 있지만 애초에 유전적으로 살이 찌기 쉬운 견종일 수도 있고, 노화나 내분비 질환에 의해 비만이 올 수도 있어요. 그 밖에 중성화 수술을 받았거나 약물 복용으로 발생하기도 한답니다.

우리 아이도 설마 비만...?

마름

척추와 갈비뼈가 쉽게 만져지고 옆에서 보면 골반뼈와 갈비뼈가 도드라져 보여요. 배도 잘록하게 들어갔어요.

정상

근육과 지방이 적당히 자리잡혀 있고 갈비뼈가 부드럽게 만져져요. 위에서 보면 허리 부분이 약간 잘록해요.

비만

갈비뼈가 만져지지 않고 위에서 보면 허리선을 구별하기가 힘들어요. 목이나 다리에도 지방이 붙어 있고 옆에서 보면 배가 불룩하거나 쳐져 있어요.

개에 관한 재미있는 QnA

지능 순위에서 꼴찌를 한 개의 사연

개 전문가 스탠리 코렌 교수가 평가한 133종의 개 지능 순위는 발표된 이후 지금까지도 널리 알려져 있는데요. 여러분은 혹시 이 순위에서 불명예스러운 꼴찌를 차지한 주인공이 누군지 아시나요?

바로 귀족 같은 외모를 자랑하는 아프간하운드라고 해요. 아프간하운드는 원래 사냥개로, 발이 빨라 사냥감을 모는 역할을 담당했는데요. 주인이 말을 타고 쫓아올 때까지 기다리지 않고 독자적인 판단에 따라 행동하는 능력이 필요했기 때문에 독립심이 강한 것이 특징이죠. 그렇다면 이 개는 어쩌다 지능 순위에서 꼴찌를 하게 된 걸까요.

그 이유는 바로 순위를 나눈 기준 때문입니다. 코렌 교수는 '사람의 명령을 잘 따르는가?'와 같이 사람에 대한 복종심을 주요 평가 요소로 보았는데요. 이는 각각의 견종이 지닌 조건과 환경을 고려하지 않았을 뿐만 아니라 지극히 사람의 관점에서 정한 것이었죠. 결국 아프간하운드는 실제 지능이 아니라 사람이 뭐라고 하건 나만의 길을 가는 특유의 성격으로 인해 가장 낮은 순위를 받게 된 거랍니다. 부디 지능이 낮은 개라고 오해하지 말아 주세요.

저희는 독립심이 강해 사람을 잘 따르지 않는 기질이 있어요.
부디 매력으로 받아들여 주세요.

소형견 증후군이란?

'소형견 증후군(Small Breed Syndrome)'이란 몸집이 작은 개들이 자신이 사람보다 우위에 있다고 여기는 것으로 큰 소리나 낯선 것에 쉽게 겁을 먹고, 자주 흥분하며, 잘 짖고, 위협하거나 공격적인 모습을 보입니다. 작은 개를 선호하는 우리나라에서 특히 많이 일어나는 문제죠.

소형견 증후군은 어릴 때부터 조금씩 보이던 문제 행동을 마냥 귀엽게만 보거나 크게 위협적이지 않아 묵인하고 넘어가면서 발생하게 되는데요. 이것이 반복되면 학습으로 이어져 성견이 되면서 문제 행동은 더욱 심해지고 결국 보호자가 감당하지 못할 수준에까지 이르러요. 한마디로 보호자의 잘못된 판단으로 인해 나타나는 문제라고 할 수 있죠. 대형견이었다면 공격적인 모습이 무섭기도 하고 실제로 해를 입을 수도 있으니 바로 그러지 않도록 교육했을 테니까요. 혹시 내 반려견이 이러한 성향을 보인다면 소형견일지라도 그대로 두어선 안 되겠습니다.

개는 왜 고개를 갸웃거릴까?

개가 고개를 갸웃하는 것은 보통 고개를 꺾어 눈과 귀의 높이를 바꿈으로써 다른 각도에서 대상을 보거나 소리를 더 자세히 듣기 위한 동작이에요. 궁금하다는 표현이자 집중하고 있다는 신호랍니다. 이외에도 고개를 갸웃했을 때 보호자가 기뻐하면서 자신을 귀여워 해주던 모습을 기억해두었다가 보호자의 관심을 끌거나 칭찬 등을 받고 싶을 때 이 동작을 하기도 하는데요. 이는 사랑받는 법을 잘 아는 영리한 행동이라고 할 수 있겠네요.

한편 신경계에 이상이 생겼거나 귀에 질병이 발생한 경우에도 고개를 갸웃하는 행동을 보일 수 있다고 하니 마냥 귀엽게 바라보기만 해서는 안 될지도 모르겠어요.

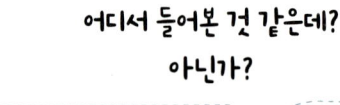

어디서 들어본 것 같은데?
아닌가?

자꾸 땅을 파는 행동을 해요

땅을 파는 행동은 기본적으로 본능이라고 할 수 있습니다. 야생에서의 개는 몸이 들어갈 정도의 구멍을 파내 그곳에서 잠을 자거나 몸을 숨겼기 때문이죠. 또한 먹이를 찾기 위해 땅을 파기도 했는데, 특히 사냥개로 길러진 종들은 이러한 습성이 더욱더 강하게 남아 있다고 해요. 물론 현대의 개들은 이외에도 단순히 심심하거나 관심을 끌기 위해 이러한 행동을 하기도 하고, 스트레스를 받았을 때 이를 해소하기 위해 하는 경우도 있답니다.

난 가끔
45도로 사진을
찍곤 하지..
왜냐하면..
귀엽게 보이는
각이거든!!!
ㅎㅎㅎ

개에게도 지문이 있을까?

사람이 가진 손가락의 지문은 그 모양이 전부 달라서 개개인을 구별하는 정보로 쓰이고 있죠. 개에게도 이러한 지문이 있다는 거 알고 계셨나요? 물론 손가락이 아닌 코에 말이에요.

개들의 코를 자세히 들여다보면 일정하게 주름진 무늬가 새겨져 있는 걸 볼 수 있는데요. 이 무늬는 사람의 지문처럼 개마다 전부 다르게 생겼다고 해요. 또 나이가 들어도 변하지 않는다고 하니 평생 그 개만의 고유한 특징이 되겠죠.

사실 서양에서는 이미 오래전부터 개의 코 무늬를 활용하고 있었어요. 기록에 따르면 개를 잃어버리거나 도둑맞을 경우를 대비해 코에 잉크를 묻혀 프린트한 종이를 가지고 다녔다고 합니다. 또한 캐나다 애견협회에서는 1938년부터 반려견 등록을 위해 코 무늬를 수집한 뒤 개들을 구별하는 증거로 쓰기 시작했다고 하네요.

기술이 발전한 현재는 코 무늬를 식별해주는 애플리케이션이 개발 단계에 있다고 하는데요. 제대로 활용할 수만 있다면 잃어버린 개를 찾는 데 많은 도움이 될 수 있을 거예요.

개도 자기가 귀엽다는 걸 알까?

반려견이 귀엽다는 말에 특히 더 반응하는 것 같을 때가 있죠. 스스로도 귀엽다는 걸 잘 알아서일까요?

개에게 수시로 귀엽다고 말해 주면 수도 없이 부르는 자신의 이름을 인식하듯이 나와 관련이 있는 말이라고 기억해요. 만약 먹을 것을 주거나 쓰다듬어주면서 귀엽다고 하면 더더욱 좋은 일이 생기는 말이라고 받아들이겠죠.

사실 개가 이해하는 건 말의 의미보다 거기에 담긴 사람의 감정이라고 해요. 말하는 사람의 목소리에 담긴 여러 가지 상태나 보여주는 행동에서 애정이 담긴 말인지, 아니면 나쁜 뜻이 담긴 말인지를 파악해 반응하는 것이라고 합니다. 그러니 '귀엽다'와 같은 칭찬의 말에 기쁘게 반응하는 건 당연한 일이겠죠?

자아도취가 아니에요!
자주 하는 말이니까 기억하는 거예요.

다른 개와 싸우고 나면 화해하지 않는 이유

같은 환경에서 기르는 개와 늑대 무리를 각각 관찰한 결과에 따르면 개는 늑대보다 화해를 잘 못 한다고 하는데요. 늑대 무리에서는 적대적인 행동 자체가 많았지만 화해 행동도 42%로 많았는데, 대부분 싸운 뒤 1분 이내에 화해했다고 해요. 반면 개들끼리는 적대적인 행동은 적었지만 한번 부딪치면 격렬한 싸움으로 번질 때가 많았고, 그 후에 화해하는 경우도 23%밖에 되지 않았죠.

늑대는 무리를 지어 사냥하면서 살아가기 때문에 동료와 잘 지내는 것은 생존과 관련되어 있다고 볼 수 있습니다. 따라서 싸움이 일어나도 금방 화해하려는 거죠. 그렇다면 사람에게 의지하면서 사는 개는 굳이 화해하지 않아도 생존에 아무런 지장이 없으니 화해하는 경우가 적은 것이라고 추측해볼 수 있겠네요.

게다가 두 마리씩 협력해서 줄을 당기면 먹이를 주는 또 다른 실험에서도 늑대의 성공률은 24%인데 반해 개는 불과 0.4%였다고 하니 아무래도 협력심까지 희미해졌나 봐요.

개는 얼마나 참을 수 있을까?

네 살 된 아이의 눈앞에 마시멜로를 하나 두고 15분 동안 이 마시멜로를 먹지 않고 기다리면 하나를 더 주겠다고 말한 뒤 아이의 반응을 알아보는 마시멜로 테스트는 미래에 얻게 될 더 많은 이익을 위해 눈앞의 이익을 참을 수 있는지를 알아보는 것으로, 보통 세 명 중 두 아이가 참지 못하고 마시멜로를 먹어 버린다고 해요.

이와 비슷한 실험을 개에게도 실시했는데요. 눈앞의 간식을 바로 먹지 않고 기다리면 그 양을 늘려주는 테스트로 개가 얼마나 기다릴 수 있는지 알아본 것이죠. 결과는 무려 15분을 기록한 한 마리를 제외하고 평균 1분 20초 정도였습니다. 게다가 평소에 먹던 것에서 특별한 간식으로 바꾸면 기다리는 시간이 더 짧아졌다고 해요. 맛있는 것 앞에서는 개도 어쩔 수 없답니다.

참고로 눈앞의 간식을 참기 위해 개는 간식으로부터 눈을 돌리거나 일부러 멀리 떨어지는 등 눈물겨운 노력을 했다고 하네요.

댕댕이 짤막 상식   **즐거운 터그놀이**

터그놀이란 반려견이 장난감을 물게 한 뒤 보호자가 좌우로 당겨주면서 놀아주는 것을 말하는데요. 개는 기본적으로 입을 많이 사용하며 무엇이든 물고 싶어 하는 본능이 있기 때문에 터그놀이를 해주면 주로 집안에서 생활하는 반려견들의 이러한 본능을 충족시켜 스트레스를 해소해줄 뿐만 아니라 성취감을 느끼게 해준다는 점에서 매우 좋다고 해요. 참고로 터그놀이를 할 때는 적당한 힘 조절과 함께 위아래가 아닌 좌우로 움직여주어야 하고, 너무 흥분했을 경우 가라앉힐 수 있도록 물고 있는 것을 놓을 줄 아는 교육이 필요하답니다.

개도 태어난 때에 따라 다를까?

사람은 태어난 달, 혹은 별자리 등 태어난 때에 따라 성격과 성향을 나누죠. 이는 실제 과학적으로 증명된 결과라고 하는데요. 예를 들어 2~4월에 태어난 여성은 위험을 감수하더라도 새로운 것에 도전하려는 성향이 강하다고 합니다. 이러한 차이는 태어난 시기의 일조 시간과 기온 등이 도파민과 세로토닌 같은 신경전달물질에 영향을 미치기 때문일 수도 있다고 해요.

그렇다면 개의 경우는 어떨까요? 태어난 때와 개의 성격에 관해서는 아쉽게도 아직 밝혀진 게 없지만 태어난 계절에 따라 질환의 발생 위험도가 달라진다는 기록은 있어요. 해외에서 12만 마리 이상의 개를 조사한 결과, 여름에 태어난 개는 심장병 위험이 높은 경향을 보였던 거죠. 또 다른 통계에서 겨울과 봄 사이에 태어난 개는 고관절 이형성증 위험이 높다는 결과가 나왔다고도 하고요. 그 정확성은 아직 높다고 볼 순 없지만 사람도 이와 관련된 연구가 계속되고 있으니 언젠가는 개 또한 어떤 연관성이 밝혀지지 않을까요?

내 성격은 누가 안 알려주나...

자다가 갑자기 발버둥을 치는 이유

잠든 도중에 발을 차거나 입맛을 다시는 것은 꿈을 꾸고 있기 때문이에요. 사람은 자는 동안 얕은 잠과 깊은 잠을 반복하는데 얕은 잠을 잘 때 꿈을 꿉니다. 이와 마찬가지로 개들도 얕은 잠에 빠졌을 때 꿈을 꾸는데, 그 주기가 사람보다 길다고 해요. 즉 꿈을 꾸는 시간이 길다는 뜻이니 하룻밤 새에 사냥감을 쫓으러 마구 달렸다가도 눈앞에 간식이 나타나 허겁지겁 먹기도 하고, 또 수영을 하거나 모래밭을 뒹구는 등 대모험을 펼치고 있는 거죠. 그리고 그것이 실제로 자면서 몸을 꿈틀대는 행동으로 나타나는 거랍니다.

한편 하버드의 심리학자는 개들이 잘 때 주로 보호자에 대한 꿈을 꿀 가능성이 크다고 밝혔는데요. 개들도 일상에서 경험했던 것을 꿈으로 꾸는데 그것이 주로 보호자의 모습이나 냄새, 함께한 일들이기 때문이죠. 그렇다면 보호자와 많은 시간을 보내는 개일수록 보호자의 꿈을 꿀 확률이 높겠네요. 우리 아이는 지금 무슨 꿈을 꾸고 있을까요? 무엇이든 부디 행복한 꿈만 꾸기를!

시각장애인 안내견은 왜 다 리트리버일까?

골든 리트리버나 래브라도 리트리버 같은 리트리버 종이 안내견이나 도우미견에 가장 적합한 이유는 뭘까요? 기본적으로 대형견들은 기억력과 자제심이 높습니다. 또 앞에서 말한 것처럼 귀가 처진 개들은 일반적으로 사람 친화적이고 온순한 기질이 강해서 몸이 불편한 사람의 곁을 묵묵히 지켜주는 안내견에 적합하죠.

특히 리트리버 종은 본래 사냥꾼을 옆에서 돕던 조렵견으로 총에 맞은 사냥감을 가져오는 임무를 맡았었기 때문에 물건에 강한 집착을 보이는 습성이 남아 있어요. 따라서 이 습성 덕분에 교육하기가 쉬워 특수견에 더욱 알맞다고 합니다.

해외에서 발표된 연구에 따르면 시각장애인 안내견이나 도우미견은 공격성을 억제한다고 알려진 옥시토신 농도가 높다고 하는데요. 참고로 사람이나 다른 개를 무는 공격적인 개는 혈압 상승 호르몬이라고도 하며 공격성을 높인다고 알려진 바소프레신의 농도가 높게 측정된다고 하네요.

저희의 온화한 기질이 시각장애인 안내견에 딱 맞아요.

개가 키운 고양이는 개처럼 행동할까?

어미 개가 새끼 고양이를 데려다 키운다는 사연은 여러 매체를 통해 한 번쯤 들어봤을 거예요. 가슴 따뜻해지는 이야기지만 여기서 질문이 하나 생기죠. 과연 개가 키운 고양이는 개처럼 행동하게 될까요?

아이는 부모를 보고 자랍니다. 또 어릴 때 자신과 같은 종의 동물이 주변에 없으면 '나는 엄마와 같은 종'이라고 믿죠. 따라서 개가 기른 고양이는 개와 같은 행동을 하는데, 이때 심지어는 한쪽 다리를 들고 소변을 보는 경우도 있다고 해요.

하지만 문제는 짝짓기가 가능한 때가 오면 자신을 개라고 생각하는 고양이는 개에게 구애하게 된다는 건데요. 다시 말해 이루어질 수 없는 사랑에 빠지는 거죠. 그렇다면 그 전에 자신이 고양이라는 걸 깨닫게 해주어야 하는데, 흥미로운 것은 이러한 착각을 암컷은 바로잡아줄 수 있어도 수컷은 소용이 없다는 겁니다. 한 실험을 예로 들어볼까요? 양에게 새끼 염소를 기르게 했습니다. 양이 키운 염소들은 성적으로 발달하면서 수컷이든 암컷이든 모두 양을 좋아했죠. 그리고 이후에 다른 염소들과 몇 년을 같이 살자 암컷 염소는 다시 염소를 좋아하게 되었습니다. 하지만 수컷 염소는 평생 암컷 양에게 구애했다고 하네요. 수컷은 자신이 본래 다른 종이라는 것을 도저히 받아들일 수가 없나 봐요.

뇌가 클수록 머리도 더 좋을까?

머리가 클수록 똑똑하다, 즉 뇌가 클수록 지능이 더 높다는 말이 있습니다만 실제로 동물의 지능 수준은 뇌의 크기만으로 정해지지 않습니다. 중요한 것은 뇌의 신경세포인 뉴런에 의한 네트워크라고 해요. 뉴런의 수가 많을수록 더 똑똑하다는 거죠.

하지만 개만 놓고 보면 이 말이 어느 정도 맞는 것 같기도 해요. 최근 발표된 연구에서 대형견인 골든 리트리버의 뉴런은 6.3억 개, 소형 믹스견은 4.3억 개라고 밝혀졌거든요. 일련의 연구에서도 대형견일수록 기억력과 자기통제력에서 높은 점수를 받았고요.

대형견의 이러한 장점은 반려견으로서뿐만 아니라 여러 현장에서 사람을 돕는 일에 활용될 수 있다는 가치가 있긴 하지만 사실 보호자에게는 크게 중요하지 않을 겁니다. 반려견의 크기가 작든 크든 무엇이든 잘 해낼 가능성은 누구나 충분히 가지고 있다는 걸 알고 있으니까요.

개의 눈이 반짝여 보이는 이유

보호자의 손에 든 간식을 쳐다보는 반려견의 눈이 반짝여 보일 때가 있죠. 어서 달라고 호소라도 하듯이 말이에요. 기분 탓이라고 생각할 수도 있지만 실제로 이탈리아에서 좋아하는 간식을 받은 개를 열화상 카메라로 촬영한 결과 안구의 온도가 올라갔다는 것을 밝혀냈습니다. 화면상에서 노란색이나 오렌지색이었던 개의 눈동자가 좋아하는 간식을 보자 고온을 뜻하는 빨간색으로 변한 것이죠. 어쩐지 눈이 반짝반짝 빛나 보이던 게 다 이유가 있었네요.

댕댕이 짤막 상식 — 개에게 찾아올 수 있는 대표적인 질병들 ①

- **심장사상충**: 모기에 물림으로써 감염되는 기생충으로, 자라면서 심장과 혈관의 흐름을 막기 때문에 사망률이 높습니다. 치료 또한 어려우므로 주기적인 예방접종이 가장 중요해요.
- **당뇨**: 호르몬의 일종인 인슐린이 부족하거나 제대로 작용하지 못해 혈당수치가 올라가면서 체중이 감소하거나 무기력, 탈수, 구토 등의 증상이 나타납니다.
- **쿠싱증후군**: 부신피질에서 코티솔이라는 호르몬이 과다분비되어 발생하는 질병으로 대부분 종양 때문인 경우가 많으며 원인과 상태에 따라 치료 방법이 다릅니다.
- **슬개골 탈구**: 무릎 관절에 있는 슬개골이 어긋나버리는 것으로 높은 곳에서 떨어져 발생하거나, 소형견의 경우 선천적으로 빈번하게 일어납니다.

개는 자신의 형제를 언제까지 기억할까?

일반적으로 개들은 오랜만에 본 자신들의 형제를 잘 기억하지 못한다고 합니다. 알아본다고 해도 '예전에 알고 지내던 사이 같긴 한데..' 정도로만 생각한다고 해요. 그렇다면 자신의 형제를 알아볼 수 있는 기간은 언제까지일까요?

알려진 기록에 따르면 7개월 전에 러시아에서 각각 다른 집에 입양되면서 헤어진 골든 리트리버 형제가 미국의 한 시장에서 우연히 만나자 서로 기뻐서 어쩔 줄 모르며 반가워했다고 하네요. 그렇다면 적어도 7개월 정도는 기억할 수 있는 것 같죠?

댕댕이 잘막 상식 — 개에게 찾아올 수 있는 대표적인 질병들 ②

- 심부전: 다양한 원인으로 심장이 제 기능을 하지 못해 발생하며 여러 가지 합병증을 동반합니다. 따라서 조기에 발견하는 것이 무엇보다 중요해요.
- 홍역(디스템퍼): 홍역바이러스에 감염된 다른 개와 신체 또는 분비물 등을 통해 접촉하면서 전염되는 바이러스성 질병으로, 사망률이 높지만 백신을 통해 대부분 예방이 가능합니다.
- 백내장: 안구 안의 수정체가 하얗게 변하는 것으로 심한 경우 시력을 잃게 되기 때문에 주기적인 관찰을 통해 최대한 빨리 발견하여 치료하는 것이 중요해요.
- 신부전: 신장의 70% 이상이 망가져 기능하지 못하는 상태를 말하며, 단시간에 급격하게 나빠지는 급성 신부전과 오랜 기간에 걸쳐 서서히 나빠지는 만성 신부전으로 나뉩니다.

특수견은 인간에게 어디까지나 충직할까?

러시아 모스크바 공항에서 활동하는 탐지견은 냄새를 맡아 위험물을 찾아내는 업무를 맡고 있습니다. 그리고 위험물이 들어 있을 것으로 추정되는 가방을 발견하면 보상으로 간식을 얻죠. 그런데 기록에 따르면 탐지견이 찾은 가방 중 실제 위험물이 들어 있었던 것은 60% 정도에 불과했다고 해요. 40%는 간식이 먹고 싶어서 거짓말을 한 것이죠. 사람을 위해 일하는 특수견은 기본적으로 사람의 말을 잘 따르는 강한 충성심이 특징이지만 때로 먹을 것 앞에서는 그들도 어쩔 수 없나 봐요.

이에 따라 러시아 항공안전국은 해결책으로 탐지견에게 거짓말탐지기를 장착하는 방법을 고안했는데요. 그 후 뇌파와 심전도, 호흡 등으로 개의 거짓말을 판별할 수 있게 되자 탐지 성공률은 99%까지 올라갔다고 해요. 꾀부리던 개의 입장에선 아쉽게 됐지만 이제라도 본업에 충실해야 할 것 같네요.

참고로 특수견에는 시각장애인 안내견, 경찰견, 인명구조견, 탐지견, 군견, 수색견 등이 있으며, 기본적으로 후각이 예민하고 지시를 잘 따르며 훈련하기 쉬운 견종이 적합하다고 합니다.

개의 몸에 무늬가 생기는 이유

흔히 불규칙한 얼룩무늬에서부터 점무늬까지 다양한 형태의 무늬를 가진 개들이 많죠. 이러한 무늬는 언제부터 생겨난 것일까요?

개의 조상이었던 늑대의 털은 등 쪽이 전부 짙은 회갈색이었다고 해요. 물론 세대를 거치다 보면 다른 색의 털을 가진 돌연변이도 나오기는 했겠지만 야생에서는 너무 눈에 띄기 때문에 아마 살아남지 못하고 도태되었겠죠. 그런데 사람과 함께 살기 시작하면서 그런 개체도 보호받아 살아남게 된 거예요. 따라서 새하얗거나 새카만 개, 또는 다양한 무늬가 있는 개들은 개로서 가축화된 이후로 흔히 존재하게 된 것이랍니다.

참고로 앞서 소개한 여우 번식 실험을 보면, 사람을 잘 따르는 여우끼리 교미시킨 결과 8세대째에 털색에 변화가 나타났다고 해요. 그리고 지금은 얼룩무늬 여우도 평범하게 존재한다고 하는데요. 개에게 무늬가 생기는 이유에 대해서는 아직 정확하게 밝혀지지 않았지만 어쩌면 사람을 잘 따르게 되는 것과 관계가 있을지도 몰라요.

불규칙한 무늬는 사람이 기르는 동물만의 특징이에요.

개도 즐거워서 웃는 걸까?

개가 편안할 때는 입가의 근육이 느슨해져 자연스럽게 입이 살짝 벌어지면서 웃는 얼굴과 비슷해져요. 정말로 재밌거나 즐거워서 웃는 듯한 얼굴이 되는 건 아니라는 얘기지요. 특히 개 중에는 눈을 가늘게 뜨고 입꼬리를 올리는 등 실제 사람처럼 웃는 듯한 표정을 짓는 경우가 있는데요. 이는 오랫동안 함께 살아온 인간에 대한 모방 행동으로, 좋아하는 만큼 따라 하고 싶은 개들의 마음을 투영한 사랑스러운 행동이라고 하네요. 혹시 내 반려견이 웃는 표정을 잘 짓는다면 그건 아마 당신이 평소에 반려견을 보며 행복하게 웃어주는 좋은 보호자라는 뜻일 거예요.

그렇다면 실제로 개들은 어떻게 웃을까요? 한 전문가는 개가 리듬에 맞춰 짧고 빠르게 숨을 헥헥거릴 때가 바로 웃고 있는 것이라고 말합니다. 실험에 따르면 개는 기본적으로 사람의 뇌와 그 구조가 비슷한데, 사람이 즐거울 때 활성화되는 부분이 개가 즐거울 때도 마찬가지로 활성화된다고 해요. 게다가 즐거울 때 신경전달물질인 도파민이 분비되는 것도 똑같다고 하죠. 따라서 이를 통해 개가 즐거움을 느낄 때 짧고 빠르게 숨을 헥헥거리며, 이것이 바로 웃는 소리라고 설명합니다.

즐거우면 제 얼굴이 사람들이 웃을 때랑 비슷해진대요. 어때요?

슬기로운 반려 생활
댕댕이 편

인쇄 초판 1쇄 2021년 7월 28일
발행 초판 1쇄 2021년 8월 6일

지은이 한지수 · 김수현
발행인 김지연
일러스트 송현진
디자인 임응진
책임편집 김민정
발행처 도서출판 의학서원

등록번호 제406-00047호 / 2006. 3. 2
주소 인천광역시 연수구 송도미래로 30 송도스마트밸리 지식산업센터 D동 504호
　　　T. 032) 816-8070(代)　F. 032) 837-5808
홈페이지 www.dhsw.co.kr
e-mail bookkorea1@hanmail.net

정가 14,800원
ISBN 979-11-6308-028-2